SENTIR PENSAR INCLUIR

pessoas com deficiência

Dados Internacionais de Catalogação na Publicação (CIP)
(Simone M. P. Vieira - CRB 8ª/4771)

Matsumoto, Andreza
Sentir, pensar, incluir: pessoas com deficiência / Andreza Matsumoto... [et al.]. – São Paulo : Editora Senac São Paulo, 2024.

ISBN 978-85-396-4385-1 (impresso/2024)
e-ISBN 978-85-396-4384-4 (E-Pub/2024)
e-ISBN 978-85-396-4380-6 (PDF/2024)

1. Deficiências 2. Pessoa com deficiência 3. Capacitismo
I. Título.

24-2230r   CDD-323.362
                                        BISAC SOC029000

Índice para catálogo sistemático:
1. Direito da pessoa com deficiência   323.362

SENTIR PENSAR INCLUIR

pessoas com deficiência

ANDREZA MATSUMOTO
IZETE MALAQUIAS
MÁRIO VALLE
PAULO VENÂNCIO

SENAC

ADMINISTRAÇÃO REGIONAL DO SENAC NO ESTADO DE SÃO PAULO
Presidente do Conselho Regional: Abram Szajman
Diretor do Departamento Regional: Luiz Francisco de A. Salgado
Superintendente Universitário e de Desenvolvimento: Luiz Carlos Dourado

EDITORA SENAC SÃO PAULO
Conselho Editorial:
Luiz Francisco de A. Salgado
Luiz Carlos Dourado
Darcio Sayad Maia
Lucila Mara Sbrana Sciotti
Luís Américo Tousi Botelho

Gerente/Publisher: Luís Américo Tousi Botelho
Coordenação Editorial: Verônica Pirani de Oliveira
Prospecção: Andreza Fernandes dos Passos de Paula, Dolores Crisci Manzano, Paloma Marques Santos
Administrativo: Marina P. Alves
Comercial: Aldair Novais Pereira
Comunicação e Eventos: Tania Mayumi Doyama Natal

Edição e Preparação de Texto: Vanessa Rodrigues
Produção e Edição dos Vídeos: Jeisy Mendes
Janelas de Libras: Goodbros Empatia e Comunicação Inclusiva
Intérpretes de Libras: Elaine Sampaio e Fabiano Campos
Imagens: Adobe Stock, exceto p. 16 e 17 (domínio público), p. 33 à esquerda (Alex Carvalho, CC BY-SA 2.0, via Wikimedia Commons), p. 33 à direita (Agência Brasil Fotografias, CC BY 2.0, via Wikimedia Commons) e p. 89 e 92 (Guga Bacan).
Coordenação de Revisão de Texto: Marcelo Nardeli
Revisão de Texto: Maitê Zickuhr
Projeto Gráfico, Capa e Editoração Eletrônica: Antonio Carlos De Angelis
Impressão e Acabamento: Piffer Print

Os autores e a Editora Senac São Paulo fizeram todos os esforços para contatar autores das imagens reproduzidas e pedem desculpas caso tenha havido algum equívoco nos créditos. Solicitamos, caso isso tenha acontecido, que nos contate pelo e-mail editora@sp.senac.br.

Agradecimentos: Centro de Educação para Surdos Rio Branco, na pessoa de Sabine Antonialli (https://www.ces.org.br/); Escola do Dia a Dia – Olavo Leal (https://www.youtube.com/channel/UCkUGeLcdHy_0QrJQK2y5Ldg); Evaldo Mocarzel (https://evaldomocarzel.com.br/); Guga Bacan (@gugabacan); Instituto Mara Gabrilli, na pessoa de Cida Valença (https://img.org.br/).

Proibida a reprodução sem autorização expressa.
Todos os direitos desta edição reservados à
Editora Senac São Paulo
Avenida Engenheiro Eusébio Stevaux, 823 – Jurubatuba
CEP 04696-000 – São Paulo – SP
Tel.: 11 2187-4450
E-mail: editora@sp.senac.br
Home page: https://www.editorasenacsp.com.br

© Editora Senac São Paulo, 2024

Sumário

Nota do editor, 7

Apresentação, 9

Introdução – **POSSO TE AJUDAR? E COMO POSSO TE AJUDAR?**, 15

Capítulo 1 – **DEFICIÊNCIA FÍSICA**, 25

Capítulo 2 – **DEFICIÊNCIA INTELECTUAL**, 51

Capítulo 3 – **DEFICIÊNCIA AUDITIVA E SURDEZ**, 75

Capítulo 4 – **DEFICIÊNCIA VISUAL**, 101

Capítulo 5 – Mais reflexões sobre o **CAPACITISMO**, 133

Referências, 141

Índice, 143

Nota do editor

Está na missão do Senac São Paulo "Educar para o trabalho, de forma inovadora e INCLUSIVA, em atividades do comércio de bens, serviços e turismo".

Mas este livro não é apenas um exemplo desse propósito, já que ele foi desenvolvido com uma intenção "extramuros", olhando para fora da instituição.

O Senac pratica a inclusão real, com pessoas com deficiência contratadas de acordo com o perfil profissional, e não por causa da deficiência em si ou limitadas a alguma função específica. Essa cultura inclusiva norteia a atuação dos docentes em sala de aula, se estende para o acolhimento aos estudantes e é constantemente reforçada com workshops para os funcionários dos demais departamentos da instituição. Foi um desses cursos que inspirou este livro. O conteúdo é formado por dinâmicas que, embora sejam realizadas internamente, podem ser replicadas com outros grupos, em ambientes diversos. A ideia de transformar essas atividades em livro é levar, para o grande público, maneiras de combater a desinformação que está na base do capacitismo.

A "receita" parece simples, mas dá resultado: fazer com que o leitor sinta um pouco dos desafios provocados por restrições físicas, intelectuais, auditivas e de visão. A partir daí, sensibilizado, identifique as situações em que pode agir de forma mais inclusiva e multiplique esse conhecimento.

Com esta obra, o Senac São Paulo contribui para ampliar a acessibilidade atitudinal, caminho efetivo – e sem volta – rumo a uma sociedade mais justa.

LUÍS AMÉRICO TOUSI BOTELHO
Publisher da Editora Senac São Paulo

Apresentação

Olá!

Você já deve ter percebido que um livro costuma trazer informações sobre a autoria dele ou no final, ou na orelha, perto da capa. Mas achamos que é importante você já nos conhecer aqui, no começo, por isso gravamos pequenos vídeos nos apresentando.

Acesse os vídeos pelo QR Code que aparece ao lado dos textos. E, quando os abrir, procure perceber como cada um de nós fala de si nos vídeos. Estamos, na verdade, nos descrevendo, fazendo uma **AUTODESCRIÇÃO**. Essa é a forma inclusiva de alguém se apresentar a quem possui deficiência visual. Se você é uma pessoa que enxerga, cultive o hábito de fazer a sua autodescrição quando for falar para um público, principalmente se ele for ligado a questões de diversidade e inclusão.

Os vídeos são parte importante deste livro, e todos eles contam com recursos de acessibilidade:

» **JANELA DE LIBRAS**, para pessoas com deficiência auditiva ou surdez que compreendam a Língua Brasileira de Sinais.

» **LEGENDAS**, para pessoas com deficiência auditiva ou surdez que não utilizem a Libras.

Neste momento, vale citar um outro recurso de acessibilidade, chamado **AUDIODESCRIÇÃO**.

Note que a palavra é parecida com "autodescrição", mas são coisas distintas. A autodescrição consiste na descrição que alguém faz de si mesmo. A audiodescrição é o recurso que traduz imagens em palavras e é voltada para pessoas com deficiência visual. No caso dos vídeos deste livro, eles não possuem audiodescrição porque mostram apenas nós mesmos, falando com você. Mas, se os vídeos contivessem outras imagens e cenas que interferissem na compreensão da mensagem, aí seria necessária a audiodescrição.

Aqui, somos quatro autores. Em comum, todos estamos ou estivemos envolvidos com o Workshop de Inclusão de Pessoas com Deficiência do Senac São Paulo, que inspirou este livro.

» **ANDREZA MATSUMOTO**. Sou psicóloga e uma das responsáveis pelo Programa de Inclusão e Diversidade do Senac São Paulo, além de coordenadora de projetos de capacitação de docentes na instituição. Eu faço a minha apresentação com autodescrição no vídeo "Andreza".

» **PAULO VENÂNCIO**. Sou bacharel em Direito e professor. No Senac, atuo também como multiplicador do Workshop de Inclusão de Pessoas com Deficiência. O vídeo "Paulo" traz a minha apresentação com autodescrição.

» **IZETE MALAQUIAS**. Sou bibliotecária e multiplicadora do Workshop de Inclusão de Pessoas com Deficiência, junto do Paulo. A minha apresentação, em que eu me descrevo, está no vídeo "Izete".

» **MÁRIO VALLE**. Sou educador e formador

de professores há mais de 35 anos. No Senac, fui coordenador do Programa de Inclusão e Diversidade. Eu me apresento e faço a minha autodescrição no vídeo "Mário".

O workshop inspirador deste livro é um curso concebido pelo Núcleo de Educação Corporativa do Senac São Paulo e que é constantemente ministrado aos funcionários. O objetivo é sensibilizar os participantes para que procurem incorporar práticas inclusivas dentro da empresa (e fora dela também). Quando uma pessoa vivencia o que é estar no lugar de alguém com deficiência, ela de alguma forma elabora essa experiência em sua subjetividade. Isso abre caminho para a empatia e facilita a compreensão das dicas de convivência.

São três as premissas que embasam o conteúdo:

» A primeira é o que chamamos de "**NÃO MAPEAMENTO DE CARGOS**". Isso quer dizer que não acreditamos que uma empresa deva definir o lugar que uma pessoa com deficiência vai ocupar. Por exemplo, não acreditamos na ideia, infelizmente ainda muito difundida, de que uma pessoa surda pode atuar apenas em uma linha de produção. Entendemos que toda pessoa, com deficiência ou não, pode somar com suas competências em um ambiente de trabalho.

» A segunda premissa é a **ELIMINAÇÃO DE BARREIRAS**, justamente para que a primeira premissa se efetive. Estamos falando de barreiras físicas, arquitetônicas, de processo e atitudinais. Essas, as de atitude, podem pôr a perder a inclusão mesmo que as outras barreiras não existam. As experiências do workshop (e, portanto, deste livro) visam quebrar ou pelo menos reduzir as barreiras atitudinais.

» A terceira premissa é a **GESTÃO DESCENTRALIZADA**, que é multiplicar a mensagem. O problema não está na pessoa com deficiência. O problema está em uma atitude fechada e não disponível para compreender como possibilitar uma vida produtiva à pessoa com deficiência. Como receber, como atender, como conviver?

O workshop é curto: tem a duração de um dia de expediente, mas os participantes saem dele no mínimo reflexivos e mais abertos às demandas das pessoas com deficiência.

Este livro também é enxuto e potente no conteúdo, como o workshop. No entanto, ele não está estruturado da mesma forma como no curso, porque lá existe a figura do mediador. Aqui, procuramos apresentar algumas vivências e nos aproximar da mediação por meio das palavras escritas e dos vídeos, mas sabemos que eles não substituem a presença da pessoa mediadora.

Ainda assim, as experiências que propomos têm o poder de começar a transformar o seu dia a dia e, principalmente, o das pessoas com deficiência com quem você já convive ou venha a conviver. As atividades são simples e funcionam em qualquer ambiente. Não precisa ser uma escola, ou uma empresa que necessariamente trabalhe com o público. Em qualquer ambiente, em qualquer grupo, farão a diferença.

Para "arrematar" a leitura, preparamos *cards* com conteúdo extra e questões reflexivas. Eles são uma maneira diferente (e até divertida) de você ampliar seu conhecimento.

Claro que uma política de inclusão demanda aspectos muito mais amplos e institucionais: por exemplo, que gestores "vistam a camisa", além de um programa estruturado de contratação de pessoas com deficiência. Mas, se você conseguir compartilhar as vivências e reflexões com as pessoas do seu entorno, isso já representará um avanço significativo.

Quando se fala em inclusão, geralmente se imaginam apenas as pessoas com deficiência. Mas uma sociedade inclusiva é boa para todos. Eventualmente, todos vamos envelhecer e poderemos precisar de recursos de acessibilidade. Por isso, pensamos na inclusão em uma esfera muito maior, e essa esfera muito maior começa no menor, nas pequenas atitudes. São elas que abrem caminho para implantarmos um ambiente de fato mais inclusivo e acolhedor para todo mundo.

Boa leitura, e boas vivências!

INTRODUÇÃO

Posso te ajudar?
E como posso te ajudar?

Este capítulo começa com um pequeno jogo de palavras.

EXCLUSÃO

INTEGRAÇÃO

SEGREGAÇÃO

INCLUSÃO

SE VOCÊ FOSSE ESTABELECER UMA ORDEM CRONOLÓGICA SOBRE COMO AS PESSOAS COM DEFICIÊNCIA FORAM TRATADAS PELA SOCIEDADE AO LONGO DA HISTÓRIA, EM QUAL PALAVRA VOCÊ COLOCARIA O NÚMERO 1?

E O 2, O 3 E O 4? QUAL SERIA A SEQUÊNCIA HISTÓRICA QUE VOCÊ APONTARIA?

Imagem do Imperial Instituto dos Meninos Cégos (com esse jeito de escrever antigo, acentuando a letra "e"), criado em 1854, no Rio de Janeiro. Hoje é o Instituto Benjamin Constant, ainda referência para as pessoas com deficiência visual.

Em 1857, foi fundado o Colégio Nacional para Surdos-Mudos, no Rio de Janeiro. Atualmente, funciona com o nome corrigido de Instituto Nacional de Educação de Surdos, já que o termo "surdo-mudo" é equivocado e caiu em desuso.

ALI TEM UMA PESSOA.

Esse é um pensamento básico que precisamos ter sobre alguém com deficiência. Ele pode parecer óbvio, mas, historicamente, a deficiência na maioria das vezes esteve à frente da pessoa, "sentenciando" seu destino na sociedade.

Se formos traçar uma linha do tempo, podemos citar quatro marcos. O **PRIMEIRO MARCO** é a **EXCLUSÃO**. Desde tempos remotos, muitas pessoas com deficiência foram abandonadas. Na Antiguidade, essa rejeição estava ligada aos próprios padrões de "força" e "beleza". Pense nas estátuas gregas, por exemplo. Em sociedades nas quais as crianças eram preparadas desde cedo para guerrear, uma pessoa com deficiência **NÃO TERIA UTILIDADE**. Muitas eram deixadas para morrer em um rio, ou um deserto, ou uma floresta.

Avançando muitos séculos, podemos identificar um **SEGUNDO MARCO**, o da **SEGREGAÇÃO**. Ele pode ser exemplificado pelo surgimento de escolas só para cegos, ou só para surdos... A ideia era colocar as pessoas com deficiência para conviverem apenas entre si.

O **TERCEIRO MARCO** é a **INTEGRAÇÃO**. As pessoas começam a ser vistas com seus talentos e trazidas para o seio da sociedade. Mas o trabalho é feito para elas, e não com elas. Notou a diferença sutil? Sutil aqui no texto, mas grande na prática, porque as pessoas eram ou são colocadas em escolas, ou no mercado de trabalho, conforme a escolha de outros, e não delas. Outra prática desse momento consiste nas tentativas de tornar as pessoas com deficiência mais próximas da "normalidade", para integrá-las ao convívio social, posteriormente.

O **QUARTO MARCO** é o que vivemos agora, o da **INCLUSÃO**. Que, na verdade, é um processo. **INCLUSÃO É UM PROCESSO.** As pessoas com deficiência são chamadas para participar das decisões, para irmos quebrando as barreiras, a fim de que todos possam trabalhar, produzir, ter lazer, viver juntos. As próprias escolas voltadas a pessoas com determinado tipo de deficiência hoje atuam com uma abordagem diferente da do passado, procurando cada vez mais promover uma inclusão efetiva.

Muitas vezes, por falta de conhecimento, pratica-se integração achando que é inclusão. Na integração, a pessoa com deficiência pode estar inserida nos espaços e atividades, mas, por não haver a devida eliminação de barreiras, ela precisa se adaptar ao ambiente e à estrutura já estabelecidos. Na inclusão, a pessoa com deficiência participa com equidade, desempenhando seu papel, realizando atividades e usufruindo de experiências, sem barreiras.

INTEGRAÇÃO × INCLUSÃO

Os marcos que citamos não ficaram congelados na linha do tempo, infelizmente. Quer um exemplo? Pegue papel e caneta e anote os termos que você conhece que costumam ser usados para falar das pessoas com deficiência (física, visual, intelectual e auditiva). Palavras e apelidos que você provavelmente já ouviu na escola ou em ambientes que frequentou ou frequenta. Marque 3 minutos para você anotar 10 termos. Não é difícil chegar a esse número, pois existem vários.

Se você não tem papel, faça esse exercício mentalmente.

Fica mais interessante se você fizer ao lado de alguém. Cada um com suas anotações.

Detalhe dos Doze Profetas, conjunto de esculturas em pedra-sabão feitas no início do século XIX por Antônio Francisco Lisboa, conhecido como Aleijadinho. Elas ficam expostas na cidade de Congonhas, em Minas Gerais. Segundo a história, ele foi acometido por uma doença que o deixou sem os dedos dos pés, fazendo-o andar de joelhos, e com as mãos atrofiadas. O apelido veio dessa condição. Esse escultor, entalhador e arquiteto, cuja obra é a expressão máxima do Barroco mineiro, é considerado por muitos um misto de artista e herói. O que você pensa a respeito disso?

Analise os termos e apelidos que você anotou. Se tiver feito com mais alguém, compartilhem as anotações.

VOCÊ SE RECORDA DA SITUAÇÃO QUE FEZ COM QUE SE LEMBRASSE DE CADA PALAVRA?

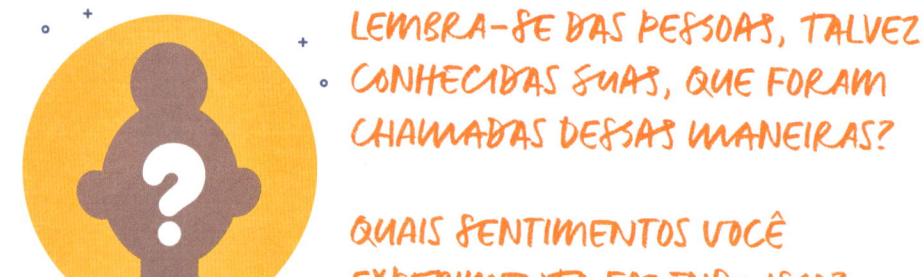

LEMBRA-SE DAS PESSOAS, TALVEZ CONHECIDAS SUAS, QUE FORAM CHAMADAS DESSAS MANEIRAS?

QUAIS SENTIMENTOS VOCÊ EXPERIMENTA FAZENDO ISSO?

Depois de fazer esse exercício de tantas lembranças, acesse o vídeo *"Terminologia"* pelo QR Code.

Para quebrar a ideia de que a pessoa com deficiência ou é uma "coitadinha" ou é "especial", tendo de ficar em uma "redoma", precisamos compartilhar decisões e responsabilidades com ela. Continue acompanhando, no vídeo *"Participação"*.

Estas são as perguntas-chave:

» **"POSSO TE AJUDAR?"** ou **"PRECISA DE AJUDA?"**.

» **"COMO POSSO TE AJUDAR?"**.

Lembre-se dessas perguntas em qualquer contato com uma pessoa com deficiência. Não adianta ter um rompante de proatividade e sair empurrando a cadeira de rodas de alguém, por exemplo. Isso, inclusive, é uma falta de respeito. Saiba mais no vídeo *"Como ajudar"*.

Já deu para saber aqui, na introdução do livro, de diversas atitudes inclusivas. A partir de agora, vão começar experiências mais próximas da deficiência física, da intelectual, da auditiva e da visual.

DEFICIÊNCIA FÍSICA

Você acabou de dar uma pausa para começar a ler este capítulo, e já vou fazer você se mexer de novo. É uma experiência. Ou melhor, uma vivência. (Ou seria um desafio?)

Você vai precisar de um par de meias. Mas não pode ser daquelas que só vestem os pés. Pegue um modelo que vá pelo menos até o meio da perna. Vista uma de cada vez nas mãos, mantendo o dedo polegar junto da palma da mão, com as mãos fechadas.

Agora, com as mãos do jeito que estão, troque de roupa. Pode ser só de camisa ou camiseta.

Se você costuma usar bolsa ou mochila, vá até ela e tente abri-la. Se existe um batom dentro dela, pegue e passe-o nos lábios. Ou pegue o seu celular e acesse um aplicativo qualquer.

Continuando, penteie os cabelos, calce o seu sapato ou o seu tênis, e, se tiver cadarço, amarre.

Como se você fosse sair de casa, dirija-se à porta, use a chave para destrancá-la e acione a maçaneta para abrir a porta.

COMO SERIA IR PARA A RUA, FAZER SUAS COISAS, SEM PODER USAR AS MÃOS NA FORMA COMO GERALMENTE AS UTILIZA?

Essa imagem não parece fazer muito sentido. Você já pensou que o desconforto ou a confusão que talvez esteja experimentando podem ser os que uma pessoa com deficiência sente, em diversos momentos, vivendo em um mundo repleto de barreiras?

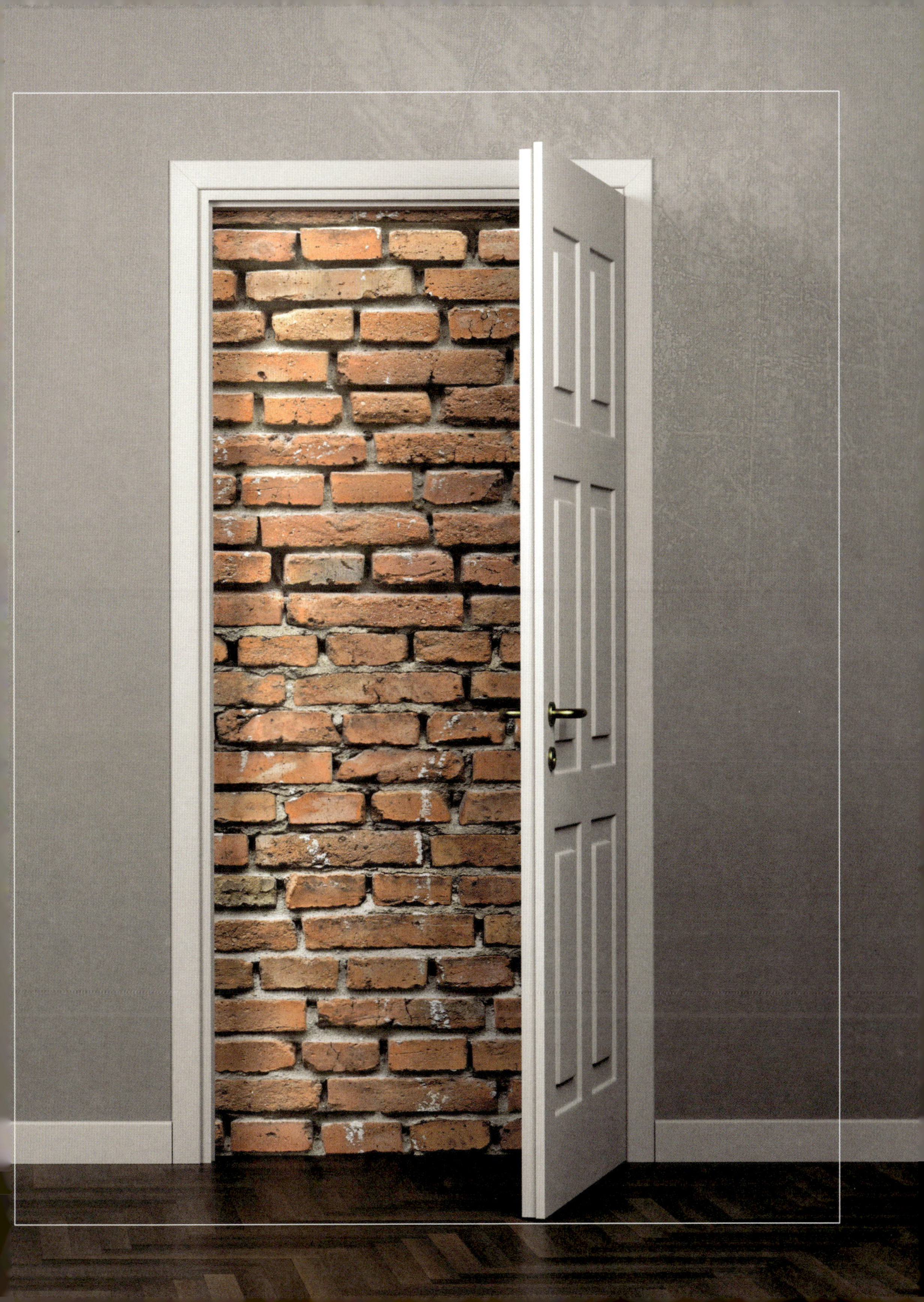

Retire as meias das mãos e feche a porta.

Porta fechada, mas espero que a mente tenha sido aberta para reflexões que talvez você ainda não tenha feito.

O QUE VOCÊ SENTIU AO EXECUTAR AS TAREFAS?

E O QUE VOCÊ DIRIA APÓS ESSA EXPERIÊNCIA? QUE, POR ALGUNS MINUTOS, VOCÊ FOI UMA PESSOA COM DEFICIÊNCIA FÍSICA?

Caso tenha respondido que sim, eu digo que... **NÃO. VOCÊ NÃO FOI UMA PESSOA COM DEFICIÊNCIA POR ALGUNS MINUTOS.** Tanto que, se você tivesse uma dificuldade maior e se visse em risco por algum motivo, você sem pensar tiraria as meias. Quem tem a deficiência não tem essa opção. É por isso que o termo "portador de deficiência" não faz sentido. O que uma pessoa pode portar, carregar, utilizar é uma cadeira de rodas, muletas, bengalas...

Quem tem a deficiência precisa viver em um mundo que ainda tem muitas barreiras. Barreiras físicas, arquitetônicas, comunicacionais, atitudinais. Essas, as de atitude, são reflexo da falta de conhecimento e de preparo da sociedade para conviver com as pessoas com deficiência e prejudicam muito o processo de inclusão. Se você acha que alguém não vai conseguir fazer algo porque tem uma deficiência, você imediatamente exclui a pessoa daquela possibilidade. No vídeo *"Barreira atitudinal"*, eu compartilho uma história que é um exemplo disso.

A deficiência física pode se apresentar de diversas formas e pode ser temporária ou permanente. Alguns exemplos: **NANISMO**, **PARAPLEGIA** (perda da sensibilidade e dos movimentos das pernas), **TETRAPLEGIA** (paralisia simultânea dos quatro membros), **OSTOMIA** (procedimento para "construir" um novo trajeto para a eliminação da urina ou das fezes)... existem variadas condições. Cada uma tem um nome técnico, mas não vamos nos aprofundar nesse mérito aqui. **O IMPORTANTE É CONSIDERAR QUE UMA DEFICIÊNCIA, SEJA ELA PERMANENTE OU TEMPORÁRIA, FAZ PARTE DA PESSOA.**

Empatia não é ter pena

Empatia, você já deve ter lido e ouvido, é procurar se colocar no lugar de alguém. No caso de uma pessoa com deficiência, é tentar entender e reconhecer as dificuldades que ela enfrenta. Isso é diferente de ficar com dó, pois esse sentimento traz a ideia de que essa pessoa é incapaz.

Daí vem o **CAPACITISMO**, a forma de pensar e agir que leva alguém a considerar a pessoa com deficiência inferior ou incompleta e, por isso, menos capaz. Um exemplo acontece com empresas que contratam pessoas com deficiência apenas para atender à legislação, mas, no dia a dia, não envolvem essas pessoas nas tarefas de uma forma efetiva, tratando-as como "café com leite". Você já reparou nisso? Talvez, mesmo com boa intenção, querendo até "proteger", você pode ter agido assim. Isso porque também é capacitismo se relacionar com a pessoa com deficiência como se ela fosse ou estivesse doente.

O dia a dia mostra que existem dois extremos: ou a pessoa com deficiência é vista como uma "coitadinha", digna de pena, ou é uma heroína, capaz de superações "sobre-humanas". Nem uma coisa nem outra.

Existe um atleta radical norte-americano chamado Aaron Fotheringham, famoso porque adaptou manobras do skate para a cadeira de rodas. Há *diversos vídeos dele disponíveis no YouTube*. A gente realmente fica boquiaberto ao ver as manobras do Aaron, mas isso não significa que ele seja um super-herói. Se formos pensar na Rebeca Andrade, a nossa medalhista olímpica e mundial na ginástica artística, também vamos achar os saltos e piruetas dela impossíveis para a maioria de nós. Nem ela nem o Aaron são super-humanos. São, sim, pessoas com foco e que treinam muito para fazer o que fazem.

Aaron Fotheringham, atleta radical. Ele nasceu com espinha bífida e usou muletas até os 8 anos de idade, quando as trocou por cadeira de rodas e começou a "brincar" com ela.

Rebeca Andrade nas Olimpíadas de 2016. Antes disso, ela já tinha passado por uma cirurgia e depois enfrentou mais duas antes de começar a acumular medalhas olímpicas.

Preste atenção às suas atitudes no dia a dia. Às vezes, acabamos tendo uma postura preconceituosa mesmo que não queiramos. No vídeo "Ele que pague", o Paulo, autor do capítulo sobre deficiência visual, conta um episódio ocorrido quando ele e eu fomos a um restaurante. Acesse e depois volte aqui, para continuar a leitura.

No capítulo de encerramento do livro, o Paulo escreve de uma forma mais aprofundada sobre o capacitismo. E ele faz isso com bastante propriedade, já que sente e já sentiu isso na pele algumas vezes.

Além de atitudes capacitistas, existem falas que são capacitistas. Isso acontece naquelas expressões que usam das deficiências para retratar uma situação. Aqui vão alguns exemplos de frases capacitistas:

"DEU UMA DE JOÃO SEM BRAÇO."

"DEU UMA MANCADA."

"FINGIU DEMÊNCIA."

"NÃO TEMOS BRAÇO PRA FAZER TUDO ISSO."

"MAIS PERDIDO(A) DO QUE CEGO EM TIROTEIO."

"MESMO COM DEFICIÊNCIA, ELE(A) PARECE FELIZ."

"DEIXA DE SER RETARDADO(A)!"

"FICOU DOIDO(A)?"

"TÁ CEGO(A)?"

"TÁ SURDO(A)?"

Perceba que o capacitismo aparece em expressões que podem até parecer elogiosas. Por exemplo: **"NOSSA, NEM PARECE QUE VOCÊ TEM DEFICIÊNCIA"**. Mas **ISSO NÃO É ELOGIO**, porque tem como base o pensamento de que o "natural" seria essa pessoa não conseguir fazer as coisas às quais se propõe.

Se você ainda fala assim, procure ir observando e evitando, até que essas expressões deixem completamente o seu vocabulário. E, se tiver a oportunidade, compartilhe isso com seus conhecidos.

Ainda sobre a nossa comunicação: não é problema utilizar expressões, inclusive ao se dirigir a pessoas com deficiência, usando palavras como "correr", "andar", "olhar" (por exemplo, "Vamos ter que correr para entregar esse projeto"). Mais importante do que se preocupar com esse tipo de detalhe é observar se você não está tendo posturas ou pensamentos capacitistas e discriminatórios.

Tecnologias assistivas

Neste trecho aqui, eu vou me apoiar em algumas ideias apresentadas em um artigo publicado no *Coruja Informa*, jornal da Escola de Artes, Ciências e Humanidades da Universidade de São Paulo, a USP.

UMA PERGUNTA: POR QUE VOCÊ USA UM GARFO PARA COMER?

Provavelmente, porque o uso dessa ferramenta lhe permite pegar um alimento de uma forma que não teria a mesma eficiência sem ela. Da mesma maneira, uma cadeira de rodas permite, a uma pessoa com dificuldade motora, locomover--se com mais eficiência e/ou facilidade.

Davidson Negrão e Rafaela Sá, autores desse artigo que citei (as referências completas estão no final do livro), escrevem que, se os seres humanos tivessem uma cauda, assim como os macacos, quem nascesse sem cauda seria visto como pessoa com deficiência. E essa pessoa viveria em uma sociedade toda moldada para pessoas com cauda. "Se o mundo que montamos não está preparado para dar a essas pessoas a mesma qualidade de vida que a de todos os outros, isso é um problema dessa sociedade, e não da pessoa com deficiência", afirmam Davidson e Rafaela.

Já que a gente falou em garfo, proponho aqui uma experiência em grupo em uma mesa de refeição: **CAFÉ SEM AS MÃOS**. São necessários três participantes, mas podem ser mais.

Preparem uma mesa com itens para um café: xícaras, pires, bule ou cafeteira, colheres, açucareiro, guardanapos... o que preferirem. Também separem um pedaço grande de barbante.

Todos os participantes se sentam à mesa, e as mãos são amarradas umas às outras. Dois dos participantes devem ficar com uma das mãos livre.

Agora, comecem o café. Coloquem o açúcar na xícara, peguem o bule, despejem o café, saboreiem algum petisco que tenha sido trazido...

Enquanto você estava com uma
ou as duas mãos atadas...

... COMO FOI ESSA EXPERIÊNCIA?

... QUE SENTIMENTOS VOCÊ EXPERIMENTOU?

... VOCÊ FICOU DESCONFORTÁVEL COM O RITMO COM QUE AS OUTRAS PESSOAS SE SERVIAM?

Acho que deu para sentir, por pelo menos alguns minutos, as dificuldades encontradas por pessoas com alguns tipos de deficiência. Por exemplo, **AMPUTAÇÃO**, **MONOPLEGIA** (perda total das funções motoras de um membro), **HEMIPLEGIA** (perda total das funções motoras de um hemisfério do corpo), só para citar algumas.

O conceito da tecnologia assistiva é justamente o de proporcionar, à pessoa com deficiência, ferramentas para que ela possa executar atividades sem limitações (ou com o mínimo de limitação possível). Da mesma maneira como você tomaria seu café se não estivesse com as mãos amarradas.

O termo "tecnologia" dá a ideia de algo muito avançado, mas não é bem assim. Por exemplo, os tradicionais andadores, muletas, bengalas e cadeiras de rodas são itens de tecnologia assistiva. Mas é claro que equipamentos *hi-tech* e os recursos digitais costumam estar entre os que mais despertam a atenção quando se fala em inclusão. Alguns exemplos são as pernas e os braços robóticos e o *stand table*, que consiste em um equipamento que permite, a uma pessoa usuária de cadeira de rodas, locomover-se em pé. A posição ereta melhora a circulação sanguínea e previne o inchaço das pernas.

O avanço tecnológico tem aprimorado bastante itens ligados à comunicação das pessoas com deficiência, bem como o acesso delas a computadores e dispositivos eletrônicos. Perceba, aqui, como **INCLUSÃO É UM PROCESSO QUE PRECISA SER INTEGRADO: AVANÇOS QUE QUEBRAM BARREIRAS COMUNICACIONAIS TAMBÉM QUEBRAM BARREIRAS ATITUDINAIS**, pois facilitam a interação entre as pessoas com e sem deficiência e possibilitam uma vida produtiva a quem apresenta algum tipo de limitação ou restrição. As barreiras têm de ser eliminadas de forma conjunta e constante.

SUGESTÃO: navegação na internet com recursos de acessibilidade

Por padrão, no lado direito dos sites que se preocupam em ser acessíveis nós encontramos abas que ativam recursos conforme as necessidades do usuário. A aba sinalizada com 🤟 se abre para um avatar que se comunica na Língua Brasileira de Sinais, a Libras. Já a aba sinalizada com 👁 dá acesso a recursos assistivos voltados a pessoas com deficiência visual.

Experimente navegar por um site utilizando esses recursos. Além de você ficar mais bem-informado, mais bem-informada, isso nos aproxima do dia a dia das pessoas com deficiência. Uma sugestão que podemos citar é o próprio site do Senac São Paulo. Disponível em: https://www.sp.senac.br/. Acesso em: 3 abr. 2024.

Mas, como cheguei a comentar no começo do livro, se você vai receber alguém com deficiência para trabalhar ou estudar, é fundamental alinhar, com essa pessoa, o tipo de tecnologia assistiva de que ela precisa. Acesse o vídeo *"Alinhamento"*. Nem sempre o que você imagina é o que ela necessita.

O básico para a convivência

Agora, uma atividade em grupo, bem fácil de executar.

Reúna de 4 a 5 pessoas. Permaneçam próximos, como em uma pequena roda de conversa. Durante a atividade, 1 participante se passará por pessoa em cadeira de rodas e ficará sentado em uma cadeira qualquer o tempo todo.

Os outros participantes permanecerão em pé, também o tempo todo.

Aqui, uma dica: note que estamos falando "pessoa com cadeira de rodas", ou "pessoa em cadeira de rodas", ou "que usa/utiliza cadeira de rodas", ou "usuária de cadeira de rodas".
É PREFERÍVEL EVITAR O TERMO "CADEIRANTE".

Voltando à atividade, a situação será a seguinte: vocês fazem parte de um mesmo departamento de uma empresa que vai receber a visita de um colega importante de uma filial. Durante 8 minutos, vocês vão planejar como receberão essa pessoa, o que falarão para ela, como apresentarão o departamento e as atividades... coisas triviais do dia a dia profissional. Coloquem o cronômetro para funcionar e se esqueçam dele. Foquem a conversa, discutindo como será a visita do colega e qual será o papel de cada um de vocês durante a visitação.

A pessoa invisível.

Terminado o tempo, é hora de trocar ideias e compartilhar sensações.

Se você foi uma das pessoas que permaneceram em pé...

... TEVE ALGUMA SENSAÇÃO EM RELAÇÃO AO COLEGA SENTADO? POR EXEMPLO, SOBRE A POSIÇÃO OU A PARTICIPAÇÃO DA PESSOA?

... E, EM RELAÇÃO AOS DEMAIS QUE FICARAM EM PÉ, ALGUMA OBSERVAÇÃO?

Se você foi a pessoa que esteve sentada o tempo todo, provavelmente deve ter começado a sentir um desconforto na cervical, por ter mantido a cabeça levantada para acompanhar as falas dos colegas. Além disso...

... VOCÊ SENTIU ALGUMA DIFICULDADE A MAIS POR TER FICADO SENTADA OU SENTADO EM MEIO ÀS PESSOAS EM PÉ?

... AS SUAS COLOCAÇÕES FORAM PLENAMENTE OUVIDAS? TEVE ALGUMA DIFICULDADE PARA OBTER A PALAVRA?

... NO PLANEJAMENTO DA VISITA IMAGINÁRIA, QUAL FOI O PAPEL QUE ATRIBUÍRAM A VOCÊ?

Ficar **NA MESMA ALTURA QUE UMA PESSOA EM CADEIRA DE RODAS OU DE BAIXA ESTATURA** é uma atitude que vai além de evitar dores físicas a ela. É uma atitude que promove a inclusão. Isso porque, se uma pessoa com essas condições for deixada em uma diferença de nível em relação às demais, ela acabará sendo excluída, de uma forma ou de outra.

Para encerrar o capítulo, compartilho outras orientações para a convivência inclusiva com pessoas que tenham deficiência física. Coisas fáceis de incorporar no dia a dia.

» Quando for caminhar com uma pessoa que usa muletas, cadeira de rodas ou andador, **RESPEITE O RITMO DELA**. Observe se será necessário um pouco mais de tempo em um percurso e considere isso em um agendamento de compromisso.

» Ao caminhar com a pessoa, **PRESTE ATENÇÃO A EVENTUAIS OBSTÁCULOS**, já antecipando a possibilidade de que ela venha a precisar de ajuda. Mas sempre pergunte se ela realmente precisa e qual a melhor forma de ajudar.

» Também **PRESTE ATENÇÃO AO SUGERIR LUGARES** para ir com uma pessoa com deficiência física, por causa da acessibilidade. Isso não deve impedir que a pessoa frequente esses espaços, mas é importante **PLANEJAR, EM CONJUNTO COM ELA**, como será feito o acesso.

» Se precisar conduzir a cadeira de rodas da pessoa, cuidado com trechos de subida ou descida. Nos trechos de **DESCIDA**, conduza a **CADEIRA DE RÉ**. Isso evita acidentes e facilita o processo. Na **SUBIDA**, é o inverso: **O CONDUTOR EMPURRA**. Eu falo em mais detalhes sobre isso no vídeo *"Condução da cadeira"*.

Por fim, eu gostaria de deixar mais um recado, no vídeo *"Amigos"*. O importante é ter em mente o seguinte: quando falta acessibilidade arquitetônica, quando falta acessibilidade física, pelo menos a acessibilidade atitudinal a gente consegue resolver. Para isso, basta manter uma postura aberta para aprender, incorporar práticas inclusivas e multiplicá--las entre os conhecidos.

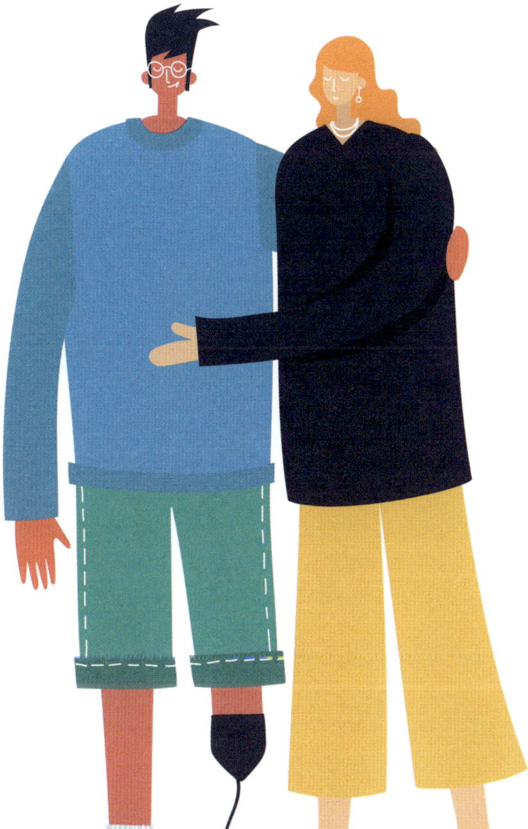

2

DEFICIÊNCIA INTELECTUAL

Olhe a imagem a seguir.

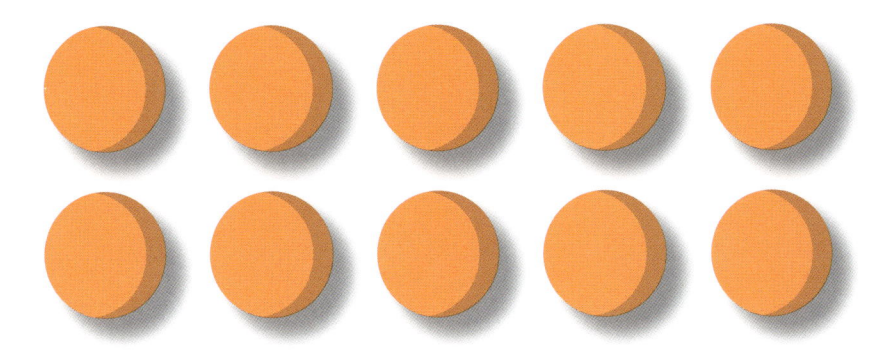

O desafio aqui é o seguinte: em 2 minutos, **ORGANIZAR AS 10 BOLINHAS EM 5 LINHAS RETAS COM 4 BOLINHAS CADA**.

Regras:

» As retas não podem estar posicionadas paralelamente.
» As bolinhas podem compartilhar mais de uma reta.
» Não podem sobrar bolinhas.
» Você não pode aumentar o número de bolinhas.

Marque no cronômetro, e resolva!

Para uma parcela da população, não é possível passar de um determinado ponto. Mas, ainda assim, é possível fazer muito.

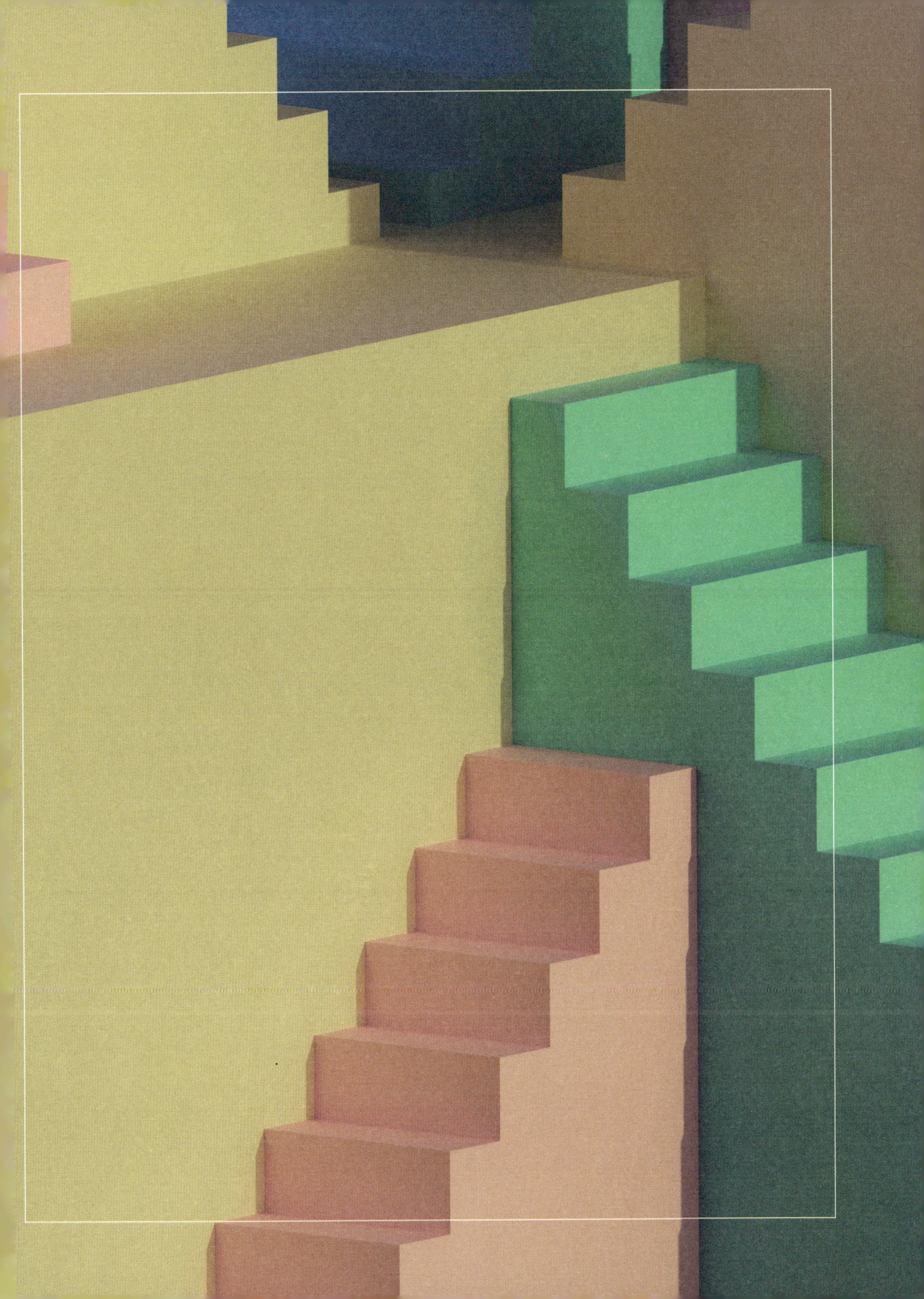

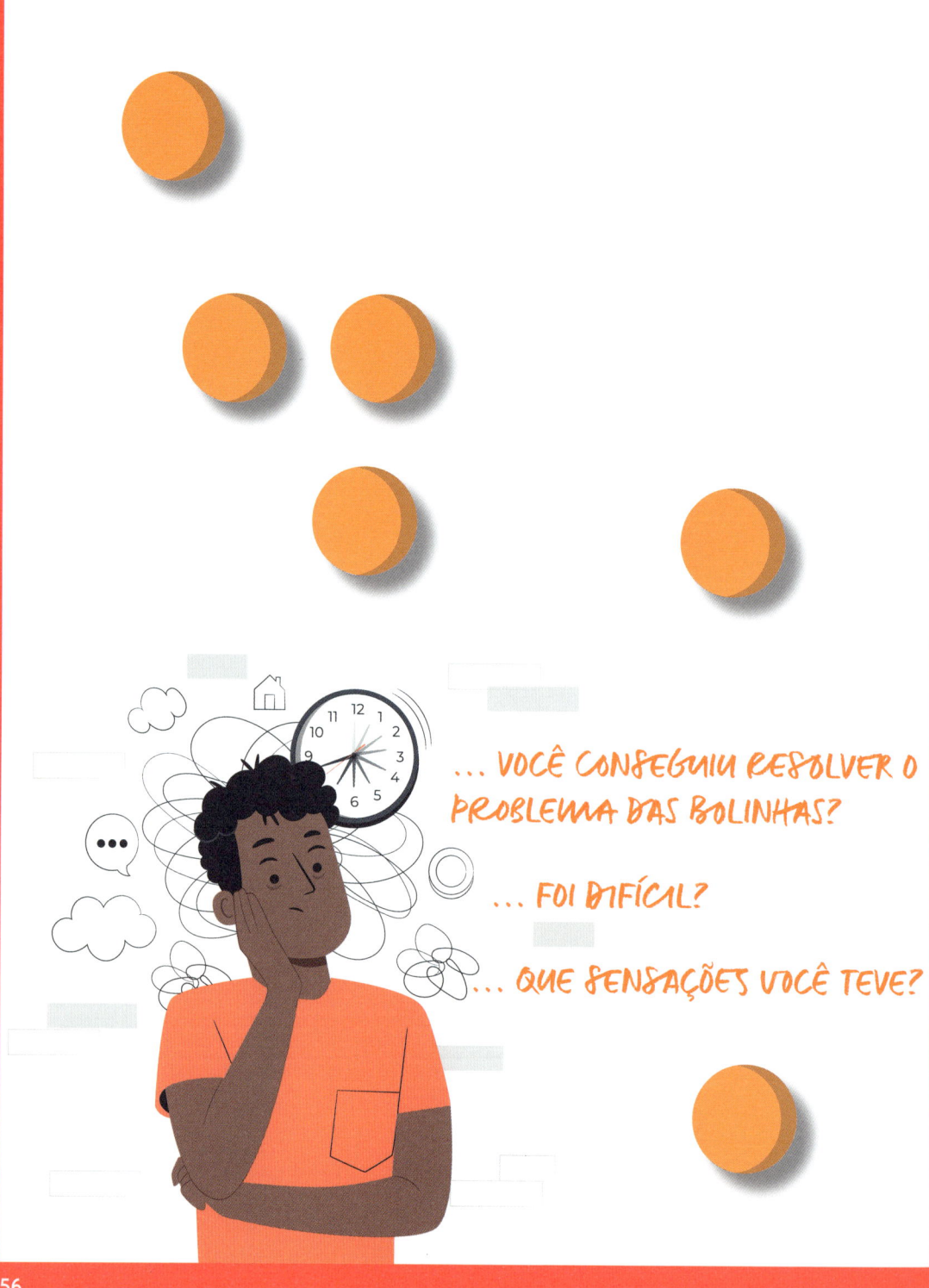

... VOCÊ CONSEGUIU RESOLVER O PROBLEMA DAS BOLINHAS?

... FOI DIFÍCIL?

... QUE SENSAÇÕES VOCÊ TEVE?

Se você não conseguiu resolver, deve ter se sentido um pouco incapaz, talvez impotente. Na página seguinte está a solução. Se você for lá conferir a resposta, provavelmente vai ter uma reação do tipo "Ah, era isso…". Talvez vá até se censurar: "Como é que eu não pensei nisso?". Agora parece tão óbvio. Talvez você pense também: "Se não tivesse a pressão do cronômetro ali, eu teria conseguido".

E é isso mesmo. Com um pouco mais de tranquilidade, provavelmente você resolveria o que lhe foi pedido.

Mas, de propósito, o capítulo começou já "jogando" uma tarefa para cima de você e estipulando um prazo curto para a resolução, colocando uma certa pressão. É assim que se sente uma pessoa com deficiência intelectual. Ela consegue compreender e percebe o que está acontecendo em seu entorno, mas, por causa da velocidade que geralmente imprimimos no nosso dia a dia, ela não consegue compreender aquilo que estamos falando, orientando, solicitando ou exigindo.

Muitas vezes, de maneira inconsciente, agimos como no problema das bolinhas e "jogamos" uma tarefa para uma pessoa com deficiência sem a colocar em condições para executar o que foi pedido. Como a demanda precisa ser atendida, acabamos indo lá cobrar, chamar a atenção porque ela não deu conta da tarefa… Não paramos para explicar como a pessoa pode executar a tarefa. E ela acaba se sentindo impotente, incapaz, insatisfeita.

Eu, Izete, falo aqui com a experiência de quem trabalha com inclusão e como mãe de uma pessoa com deficiência intelectual: hoje, uma jovem adulta formada em Biblioteconomia, que adotei quando era uma adolescente de 14 anos de idade, em um abrigo para menores, com o diagnóstico de DI em vias de ser confirmado. Costumo falar que essa é **A DEFICIÊNCIA MAIS INGRATA** que existe. Por quê? Explico no vídeo *"Dificuldades da DI"*.

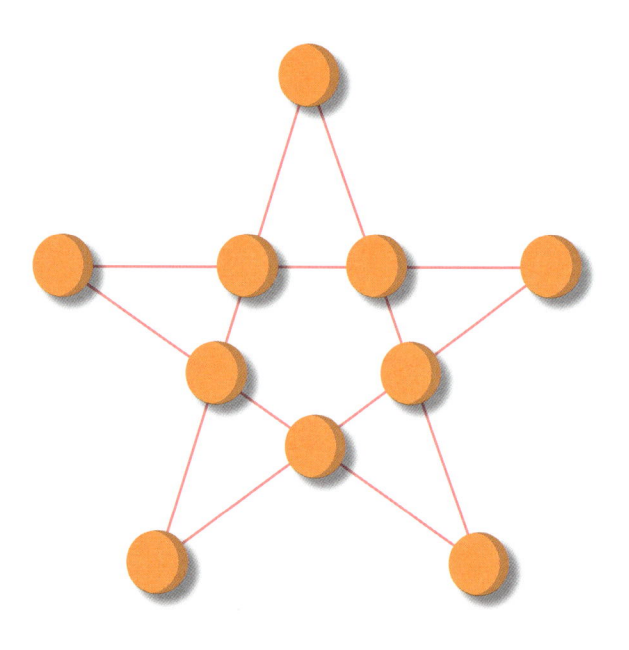

Definições e confusões

Deficiência intelectual é a denominação atualizada e mais correta daquilo que, no passado, foi chamado de "retardo mental" e "deficiência mental". Então, se você ainda fala dessa maneira, aproveite para se atualizar e não cometer mais esses erros.

Mas ainda existe uma outra confusão bem comum: transtorno mental e deficiência intelectual. Muita gente acha que são a mesma coisa, e não são, embora possam coexistir em uma mesma pessoa. Acompanhe as diferenças:

» um **TRANSTORNO MENTAL** afeta o **FUNCIONAMENTO EMOCIONAL E COMPORTAMENTAL**, enquanto a **DEFICIÊNCIA INTELECTUAL AFETA O FUNCIONAMENTO COGNITIVO**;

» os **TRANSTORNOS MENTAIS** podem ser causados por uma combinação de fatores, incluindo **GENÉTICA**, **AMBIENTE** e **ESTILO DE VIDA**. A **DEFICIÊNCIA INTELECTUAL** pode ser causada por uma variedade de fatores, incluindo **GENÉTICA**, **AMBIENTE** e **SAÚDE MATERNA**.

Por exemplo, uma pessoa com transtorno bipolar pode apresentar alterações de humor extremas, mas com funcionamento cognitivo normal. Então, aqui não há deficiência intelectual, e sim transtorno mental. Uma pessoa com esquizofrenia pode manifestar alucinações e delírios e, ainda assim, ter um funcionamento cognitivo normal. A mesma coisa: transtorno mental, e não deficiência intelectual.

Agora, um exemplo de situação de transtorno mental e deficiência intelectual coexistindo: uma pessoa com síndrome de Down (deficiência intelectual) e que tenha transtorno bipolar. Em casos assim, a pessoa precisa de abordagens profissionais para cada uma das condições.

Aqui vale a pena falar rapidamente de autismo, que gera muita dúvida. De acordo com a Lei 12.764/2012, a pessoa com o **TRANSTORNO DO ESPECTRO AUTISTA** (TEA) é considerada pessoa com deficiência para todos os efeitos legais. No entanto, conhecendo a definição de deficiência intelectual, sabe-se que o autismo tem características peculiares.

O TEA é um transtorno do neurodesenvolvimento que afeta a interação social, a comunicação e o comportamento. As pessoas podem apresentar dificuldade em manter contato visual, identificar expressões faciais, compreender gestos comunicativos, expressar suas próprias emoções e fazer amigos. O grau de comprometimento varia entre leve (nível I de suporte), moderado (nível II de suporte) e severo (nível III de suporte), e as características podem se manifestar de forma diferente em cada indivíduo. Além disso, pessoas com TEA podem apresentar outras condições, como Transtorno de Déficit de Atenção e Hiperatividade (TDAH) ou superdotação/altas habilidades.

MAS VOCÊ SABE COMO SE COMPORTA UMA PESSOA COM DEFICIÊNCIA INTELECTUAL?

A deficiência intelectual se caracteriza como um funcionamento intelectual inferior à média e, segundo a Organização Mundial da Saúde (OMS), é classificada em **QUATRO NÍVEIS**: leve, moderada, grave e profunda. A condição costuma ser confirmada antes dos 18 anos, por causa das limitações que vão se manifestando conforme a pessoa se desenvolve. Não é comum, mas uma DI pode se manifestar também na idade adulta, principalmente como consequência de traumas. Eu falo um pouco mais de como é uma pessoa com deficiência intelectual no vídeo *"Características da DI"*.

Como eu disse antes, imagine uma escada com vários degraus. É como se a pessoa com deficiência intelectual encontrasse uma parede antes do fim da escada. Dali ela não passa. Mas dá para fazer muita coisa antes desse ponto. Dependendo do nível de comprometimento, dá para uma criança com DI frequentar a escola com crianças sem essa condição e dá para o adulto com DI participar do mercado de trabalho, sim. O artigo 4º da Lei 13.146/2015, conhecida como **ESTATUTO DA PESSOA COM DEFICIÊNCIA**, afirma que "toda pessoa com deficiência tem direito à igualdade de oportunidades com as demais pessoas e não sofrerá nenhuma espécie de discriminação".

Convívio nos diversos ambientes

Você retorna de férias ao trabalho e percebe que chegaram novos funcionários. Um deles é um assistente administrativo com quem todos no departamento vão ter bastante interação. Uma colega sua informa que esse novo assistente tem deficiência intelectual.

VOCÊ TEM IDEIA DE COMO DEVE ABORDAR ESSA PESSOA?

E SABE COMO SOLICITAR ALGO A ELA?

"Ah, que gracinha",
"Ah, ele é tão bonzinho".
Você já pensou assim de
um colega de trabalho com
deficiência intelectual?

A principal orientação é: **NÃO SUBESTIME A PESSOA COM DEFICIÊNCIA INTELECTUAL**. Se você for por aí, agirá com preconceito e praticará o capacitismo.

O novo ou a nova colega, assim como todos os outros profissionais com quem você aprendeu a conviver, tem características pessoais e únicas que precedem a deficiência. O que é necessário é **UM POUCO MAIS DE PACIÊNCIA** e de bom senso.

A pessoa com deficiência pode ter dificuldade para entender tarefas e comandos, mas isso não a impede de ser produtiva quando encontra um ambiente inclusivo.

Quando uma pessoa com deficiência intelectual é admitida em uma empresa, os gestores devem preparar os líderes de equipes, a fim de que eles multipliquem as informações sobre o convívio com o profissional que está chegando. Esse processo de conhecer melhor as características do novo colega pode ser feito com a própria pessoa com deficiência ou com a família.

O relacionamento com a família é um tema importante, mas, também, sensível. Como ressalta o Paulo, "nada de nós sem nós". Existem situações em que a interlocução de familiares é fundamental, assim como há casos em que a pessoa com deficiência precisa muito pouco dessa interlocução.

Conhecendo um pouco mais da pessoa, é possível utilizar estímulos que sejam mais eficientes para ela desempenhar suas tarefas com qualidade.

Provavelmente, uma pessoa com deficiência vai precisar de **EXPLICAÇÕES MAIS SUCINTAS E OBJETIVAS**, e talvez seja necessário **REPETIR** isso outras vezes em que você for solicitar a mesma coisa. Aliás, se você pensar um pouco, concluirá que praticar a paciência, desenvolver novas maneiras de dizer as mesmas coisas e dar atenção ao seu interlocutor são posturas que beneficiam a todos nós...

Isso não vale só para o mercado de trabalho. Em uma escola, é importante que haja uma conversa com a família, para que se adotem os caminhos mais favoráveis ao desenvolvimento de um estudante com deficiência intelectual. Agora, eu pergunto: isso é diferente do que os pais de crianças sem deficiência intelectual fazem com coordenadores pedagógicos? Não é. Pelo menos em tese, **A ESCOLA É O LOCAL DE APRENDIZADO DE QUALQUER ALUNO, COM OU SEM DEFICIÊNCIA**. Identificar as ferramentas para desenvolver o estudante faz parte do que se espera. Saber mais do perfil da pessoa com deficiência possibilita acionar os estímulos que melhor funcionam. Podem ser, por exemplo, visuais, auditivos... E, aí, repito: isso vale para qualquer ambiente.

Inclusão real

Convivi com uma mulher com deficiência intelectual que, em seu trabalho, atuaria diretamente no porcionamento de alimentos. Até que foi identificado que, para ela, 1 kg e 100 g eram a mesma coisa. Poderia ter acontecido de simplesmente terem retirado essa função dela e mantido a funcionária no setor fazendo tarefas menos complexas, para que a empresa fosse vista como "inclusiva".

Felizmente, o caminho foi outro. Para que a funcionária pudesse desempenhar suas funções com qualidade, sem que se **"BRINCASSE DE INCLUSÃO"**, sem fazer capacitismo, a família foi chamada.

Na conversa com a família, foram apresentadas as tarefas que a funcionária deveria realizar, e ficou entendida também a necessidade de ela fazer algumas aulas específicas de matemática. Hoje, essa pessoa já completou dez anos de empresa e desempenha suas funções com eficiência.

Existe um documentário chamado *Do luto à luta*, dirigido por Evaldo Mocarzel, que tem como foco as pessoas com síndrome de Down. O filme traz várias histórias interessantes e está disponível no site do diretor. Vale a pena assistir depois.

Separei aqui um trecho que apresenta um auxiliar de biblioteca com síndrome de Down. É o vídeo chamado *"Ygos"*. O Ygos é polonês, naturalizado brasileiro, e demonstra ter um conhecimento geral acima da média do das pessoas que não têm deficiência alguma.

Trate adultos como adultos

O Ygos foi "no alvo" quando afirmou que é possível se desenvolver. Pode ser mais lentamente, mas é possível. E, para que esse desenvolvimento ocorra, outro aspecto importante é: **NÃO INFANTILIZE A PESSOA COM DEFICIÊNCIA**. Enxergue, no seu companheiro de trabalho, o profissional destacado para determinadas atividades, e não alguém que você precise poupar de desafios profissionais. Eu falo mais sobre isso no vídeo *"Infantilização"*.

O mito de que a pessoa com deficiência intelectual tem uma sexualidade exacerbada ou é agressiva só se combate com conhecimento. Se o que a pessoa tem é uma dificuldade para entender as regras sociais, é preciso ensinar a ela, com clareza, as regras dos ambientes. A pessoa com deficiência intelectual **APRENDE BASTANTE POR MEIO DE MODELOS**, o que reforça a importância de que ela esteja cada vez mais inserida na sociedade.

Uma vez que é preciso ver uma pessoa com deficiência adulta como adulta, seja profissional e não tenha receio de recusar pedidos que considere desmedidos. Assim como em qualquer situação, ao relacionar-se com uma pessoa com deficiência intelectual é importante que você se sinta respeitado, respeitada, e confortável para estabelecer limites.

SUGESTÃO: vídeo sobre a infantilização da pessoa com deficiência

O vídeo *"Dicas de convivência"*, do Instituto Mara Gabrilli, aborda diversas deficiências. Como o nosso tema aqui é a intelectual, recomendo ir até a minutagem 11m44s, que tem a participação do Ariel Goldenberg, ator com síndrome de Down bastante ativo nas redes sociais.

Deficiência múltipla

Algumas das deficiências intelectuais se manifestam junto de deficiências físicas, abordadas pelo Mário no capítulo anterior, principalmente quando a causa é uma paralisia cerebral. Nesse caso, estamos falando de deficiência múltipla. Ou seja, a deficiência múltipla é a **ASSOCIAÇÃO DE DUAS OU MAIS DEFICIÊNCIAS PRIMÁRIAS**.

Eu tive um aluno que era pessoa em cadeira de rodas e com deficiência intelectual. Além das dificuldades que comentei aqui, esse rapaz dependia de outras pessoas para conduzir a cadeira. Dependia muito da família. Em situações assim, o que eu chamo de "feudo", aquela proteção que é formada ao redor da pessoa, fica muito mais resistente, não necessariamente em um sentido positivo. A família não quer soltar essa pessoa para a vida, para o mundo do trabalho. Como mãe de uma jovem adulta com DI, compreendo e não "condeno". Imagine um filho seu, uma filha sua, em cadeira de rodas, em um mundo onde ainda faltam políticas públicas de inclusão e sobram barreiras físicas e arquitetônicas. Calçadas que não são acessíveis, e um trânsito perigoso mesmo para quem não tem deficiência.

Acessibilidade atitudinal

Agora eu gostaria de compartilhar duas histórias ocorridas com colegas meus, pessoas com deficiência.

A primeira história aconteceu no dia 20 de abril de 2023, por volta das 19h30, véspera de feriado prolongado. Estávamos no trabalho e, de repente, recebemos uma chamada de vídeo. Era um colega nosso, surdo. Ao sair da empresa, ele testemunhou um acidente. Mais um entre tantos atropelamentos por moto na cidade de São Paulo. Mas aquela pessoa no chão lhe parecia familiar... ao se aproximar, ele percebeu que era outro colega nosso, que tinha deficiência intelectual e epilepsia.

Um acidente assim pode ser especialmente perigoso para uma pessoa nessas condições, pois pode acontecer de ela não conseguir se expressar de forma clara durante um atendimento ou mesmo ter uma crise.

O colega surdo tinha ciência dos desafios envolvidos na situação, mas as primeiras pessoas que chegaram ali perto, não. E ele não conseguia ser compreendido por essas pessoas. Esse colega surdo, então, decidiu fazer a chamada de vídeo para nós, no trabalho, e relatar o ocorrido na Língua Brasileira de Sinais, a Libras, para outro colega que entendia a língua de sinais. Com esse contato, foi possível agir rapidamente, e o nosso colega com deficiência intelectual e epilepsia recebeu um atendimento adequado. Acabou dando tudo certo, e o atropelamento não teve consequências mais graves.

Infelizmente, a segunda história não teve um desfecho positivo. Foi com uma querida colega de trabalho que usava cadeira de rodas e tinha uma vida autônoma. Ela estava em uma rede de hipermercados. Ao passar por uma elevação de concreto no chão, a cadeira tombou, e essa colega caiu. A primeira reação do segurança foi pegá-la, colocá-la de volta na cadeira e perguntar se estava tudo bem. Um tanto constrangida, ela apenas respondeu que sim e tomou a condução para casa. No caminho, a situação se agravou, pois, como é comum acontecer em uma queda de cadeira de rodas, a cabeça foi atingida, e houve uma séria lesão interna.

Esse relato é um exemplo triste de um atendimento sem o preparo adequado. Nunca se deve tocar em uma pessoa acidentada, muito menos se o acidente aconteceu com uma pessoa em cadeira de rodas. O ideal é chamar o Samu pelo 192 e ficar perto dela para garantir sua segurança e mantê-la tranquila, informando que o atendimento especializado está a caminho.

COMPARTILHAR ESSAS HISTÓRIAS É UMA MANEIRA DE REFORÇAR A IMPORTÂNCIA DA ATITUDE INCLUSIVA. Mesmo quando o entorno não está preparado, é a acessibilidade atitudinal que pode fazer a diferença. Testemunhamos, na prática, como a postura bem-informada e inclusiva pode se fazer necessária a qualquer momento e impactar a vida das pessoas de muitas formas.

Finalizando...

Considerando esses conhecimentos básicos apresentados até aqui, o que fazer com a pessoa com deficiência intelectual?

RESPEITÁ-LA.

Respeitar o limite que ela tem. Seguir até onde ela possa ir. Entender que você precisa adaptar algumas (ou muitas) coisas para que ela possa estar na vida acadêmica, ou na vida profissional, ou na sociedade.

NÃO SUBESTIMAR.

Nós temos a tendência de colocar a pessoa em extremos. Não subestime a pessoa nem coloque, para ela, tarefas acima do que ela pode entregar.

Essas atitudes básicas já pavimentam uma estrada muito mais fácil para acolher e conviver com pessoas com essa deficiência ainda tão pouco compreendida.

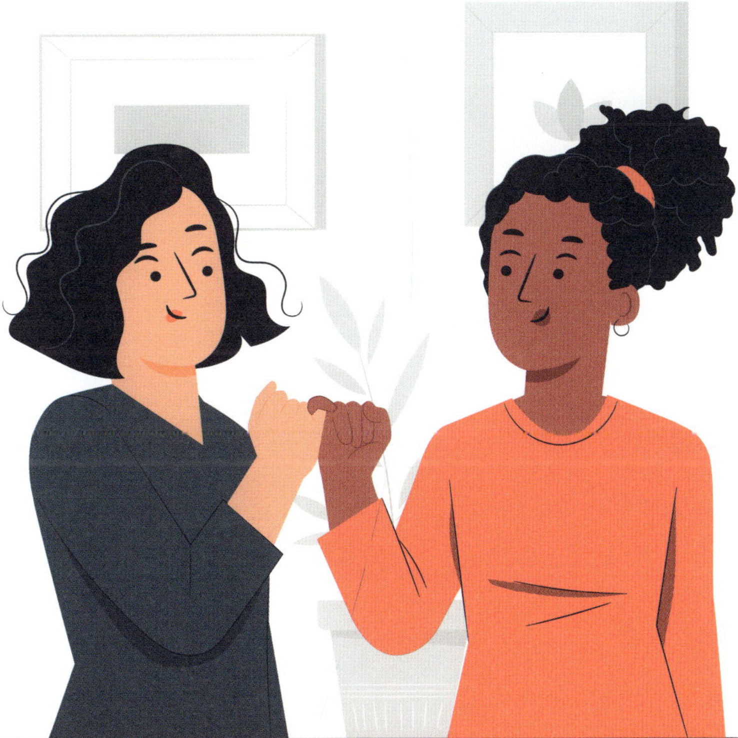

3

DEFICIÊNCIA AUDITIVA E SURDEZ

Você pode imaginar que, para ter uma experiência de como é a vida com pouco ou nenhum som, basta ir agora até o controle remoto da sua TV e desabilitar o som do que está passando nela ou ver um vídeo no celular com o áudio desativado. Mas não é bem por aí...

Por isso, eu, Andreza, gostaria de convidar você para uma vivência que nos aproxime do universo das pessoas com deficiência auditiva ou surdas, a partir de um lugar de empatia. Faça o seguinte: escolha um dorama (isso mesmo, uma dessas famosas séries produzidas na Coreia do Sul) em um serviço de streaming ou no YouTube e assista a um trecho dele com o áudio ativado, mas sem qualquer legenda. Apenas o áudio na língua coreana, durante cerca de 7 minutos. Procure entender o que se passa nas cenas.

새해 복 많이 받으세요

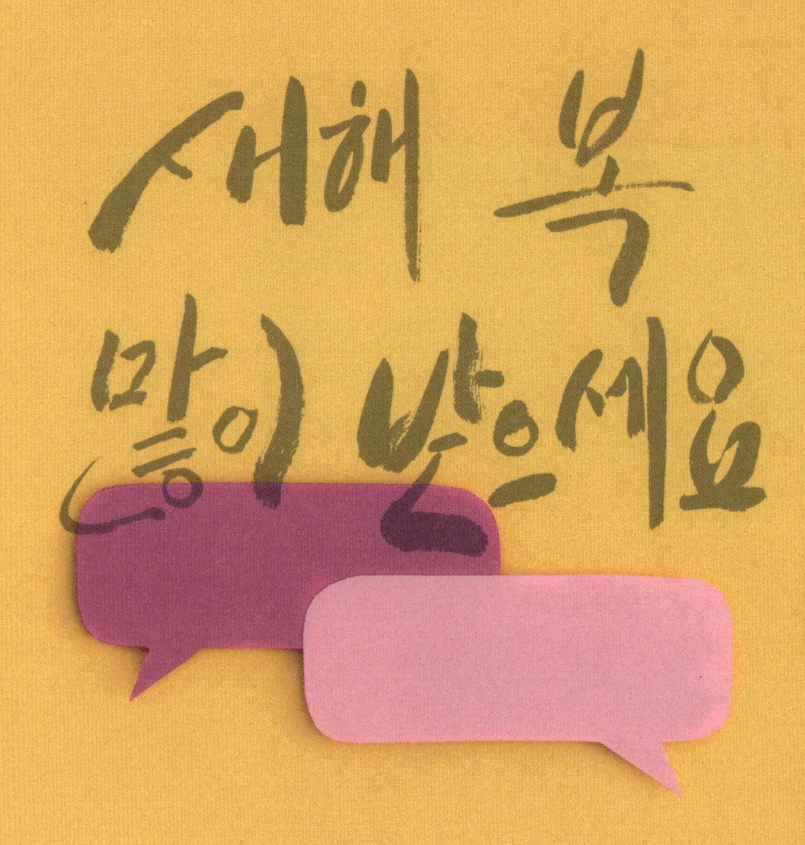

Como fazer a comunicação acontecer quando há diferentes modos de expressão?

COMO VOCÊ SE SENTIU AO ASSISTIR À SÉRIE COREANA SEM LEGENDAS?

VOCÊ CONSEGUIU COMPREENDER ALGO?

ADOTOU ALGUM TIPO DE ESTRATÉGIA QUE AJUDOU? CASO SIM, QUAL?

Provavelmente, assim como eu, você não domina a língua coreana. Talvez você tenha tido uma vaga ideia do que estava ocorrendo por causa do ambiente em que estavam os personagens, do que eles estavam fazendo e das expressões faciais e corporais deles. Mas não entendeu por que estavam ali, o que falaram, o que pretendiam... enfim, **VOCÊ FICOU À MARGEM** do que estava acontecendo e da plena compreensão daquela mensagem. Uma simples legenda teria eliminado a barreira do idioma e evitado sensações que você provavelmente teve, como **FRUSTRAÇÃO** e **EXCLUSÃO**.

Mas a vida real não tem legendas que possam ser ativadas a qualquer momento. Muitas pessoas com deficiência auditiva ou surdas frequentemente experimentam sensações de frustração e exclusão quando se deparam com barreiras que as impedem de participar de atividades do dia a dia, seja de trabalho, seja de lazer.

Pessoa surda ou pessoa com deficiência auditiva? Eis a questão!

Você já parou para pensar se existe diferença ao chamar alguém de surdo ou de pessoa com deficiência auditiva?

Sim, há uma diferença.

» Quando nos referimos a **DEFICIÊNCIA AUDITIVA**, entendemos que a pessoa perdeu ou não possui **ALGUM GRAU DE AUDIÇÃO**. Mesmo com esse comprometimento, ela consegue ouvir um pouco, em grau maior ou menor.

» Quando nos referimos a **PESSOA SURDA**, isso significa que ela **NÃO OUVE QUALQUER TIPO DE SOM**, inibindo inclusive a condição de falar sem que haja apoio especializado. A surdez também pode ser congênita (desde o nascimento) ou adquirida ao longo da vida.

Compreender esses conceitos é importante dentro da cultura surda, porque as pessoas que não ouvem geralmente preferem ser chamadas de surdas. E existe uma explicação histórica para isso.

No passado, a surdez costumava ser confundida com outras deficiências e condições, e se acreditava que o surdo não fosse capaz de aprender, de participar plenamente da sociedade. Por causa dessa confusão, muitas pessoas surdas eram encaminhadas a instituições voltadas a transtornos diversos e recebiam tratamentos inadequados para as suas características. Só mais tarde é que se constatou que essas características não constituem um fator de impedimento para a aquisição de conhecimento e para a atuação nas mais diversas esferas sociais e profissionais. Hoje, as crianças recém-nascidas são submetidas a um exame fonoaudiológico, com o objetivo de verificar sua audição.

Com o passar do tempo, as próprias pessoas nessa condição entenderam que gostariam de ser identificadas como pessoas surdas. Existe o entendimento de que o que há é uma forma diferente de se comunicar. Por esse motivo, elas não se identificam com o termo "deficiência". Elas se veem como parte de uma comunidade – a **COMUNIDADE SURDA** –, a qual possui uma identidade própria, pautada pela **CARACTERÍSTICA COMUNICACIONAL**.

Mas, quando falamos em comunidade surda, isso não quer dizer apenas as pessoas que não ouvem. Esse grupo abrange também pessoas com deficiência auditiva, militantes da causa, intérpretes de Libras, filhos de pai surdo ou de mãe surda, amigos e familiares. Ou seja, ao incorporar as práticas inclusivas explicadas neste capítulo e compartilhá-las, você passará a fazer parte dessa comunidade.

Surdo-mudo?
Na maioria das vezes, não.

Os estudos médicos apontam que a maioria das pessoas surdas poderia falar. Você sabia disso? Isso porque a maior parte delas mantém o aparelho vocal preservado. O que acontece é que, como não ouvem, nem sempre conseguem reproduzir sons e desenvolver a fala.

Por isso mesmo é que, na maioria das vezes, **É EQUIVOCADO DIZER "SURDO-MUDO"**, afinal a pessoa é apenas surda. Por isso, não chame uma pessoa surda ou com deficiência auditiva de "surda--muda". Além de ela não gostar disso, você evita uma grande probabilidade de erro.

A língua de sinais

Para uma grande parcela da comunidade surda, o idioma principal é a Língua Brasileira de Sinais, a **LIBRAS**. Não é o português.

A Língua Brasileira de Sinais, assim como o português, é uma **LÍNGUA OFICIAL** no Brasil, estabelecida pela Lei 10.436/2002 e regulamentada pelo Decreto 5.626/2005. Ela é utilizada em nosso país e tem o mesmo status de outros idiomas, como francês ou inglês, e possui uma estrutura gramatical própria, assim como acontece nas demais línguas.

Por outro lado, a Libras não é uma língua universal. Cada país possui uma linguagem própria para pessoas surdas daquela localidade.

Como exemplo, cito aqui a American Sign Language, língua de sinais norte-americana, e a Lengua de Signos Española, utilizada na Espanha.

Além disso, da mesma forma que existem diferentes expressões na língua portuguesa, isso acontece com a Libras. Pode haver variações de sinais conforme a cultura local e os aspectos regionais.

Um exemplo: assim como no português convivem os termos "mandioca", "macaxeira" e "aipim" para designar a mesma qualidade de tubérculo, na Libras existem sinais que possuem representações diferentes.

O **INTÉRPRETE DE LIBRAS** é o profissional que tem como missão ser o canal de comunicação entre a pessoa surda e a ouvinte. Ele tem como atribuição realizar a tradução da língua de sinais para a língua falada e vice-versa. É uma profissão reconhecida pelas leis 12.319/2010 e 14.704/2023 e regulamentada com critérios para o exercício dessa atividade, formação necessária e modalidades de interpretação, entre outras normatizações.

Ainda tenho muito mais coisa interessante para falar sobre a Libras, mas vou deixar para outro momento do capítulo.

O importante, agora, além de entender a diferença entre deficiência auditiva e surdez, é ter em mente que:

» existem pessoas surdas que entendem o português;

» existem pessoas surdas que não entendem o português e utilizam a Libras como idioma; e

» existem pessoas que, mesmo tendo Libras como primeiro idioma, entendem alguma coisa de português.

Essas informações fazem a diferença na forma como a gente se relaciona com cada uma dessas pessoas. Como deu para perceber até aqui, não dá para colocar todos os indivíduos em uma caixinha e tratá-los de uma mesma maneira. No vídeo *"Cultura surda"*, eu falo um pouco mais sobre isso.

Aprimorando habilidades

Agora, eu quero convidar você para uma outra vivência.

Desta vez, assista a um telejornal ou a um noticiário na internet com o áudio desativado e procure entender o que os apresentadores estão falando. Faça isso observando o movimento dos lábios deles. Como você vai ter de prestar atenção à articulação das palavras, o noticiário precisa ser brasileiro, falado em português. Marque 5 minutos no cronômetro do celular e se concentre no que vai ver. Se for o caso, pegue papel e caneta para anotar o que você captar.

Durante o tempo em que assistiu
ao noticiário sem áudio...

... QUANTAS PALAVRAS VOCÊ
FOI CAPAZ DE IDENTIFICAR?

... COMO VOCÊ SE SENTIU
DURANTE A ATIVIDADE?

... QUAIS FORAM AS PRINCIPAIS
DIFICULDADES?

... VOCÊ ADOTOU ALGUM TIPO
DE ESTRATÉGIA QUE AJUDOU?

Nesse caso, você se aproximou brevemente da experiência de pessoas com deficiência auditiva e surdas que entendem o português. Para elas, um recurso de acessibilidade que lhes permite compreender o noticiário são as legendas. Além disso, uma boa parte delas consegue desenvolver a habilidade da **LEITURA LABIAL**. Segundo estudos já realizados, pessoas surdas ou com deficiência auditiva que realizam leitura labial conseguem captar cerca de 40% do que é falado para elas. Já para as pessoas que se comunicam exclusivamente em Libras, as legendas pouco ou de nada adiantam, assim como a leitura labial. Libras é um outro idioma, com características próprias.

Neste momento, vale também você aprender sobre outro conceito: o de **ORALIZAÇÃO**. Surdos oralizados são aqueles que se comunicam por meio das modalidades de escrita, leitura, leitura labial (orofacial) e oral (fala).

Você já presenciou duas ou mais pessoas se comunicando em Libras?

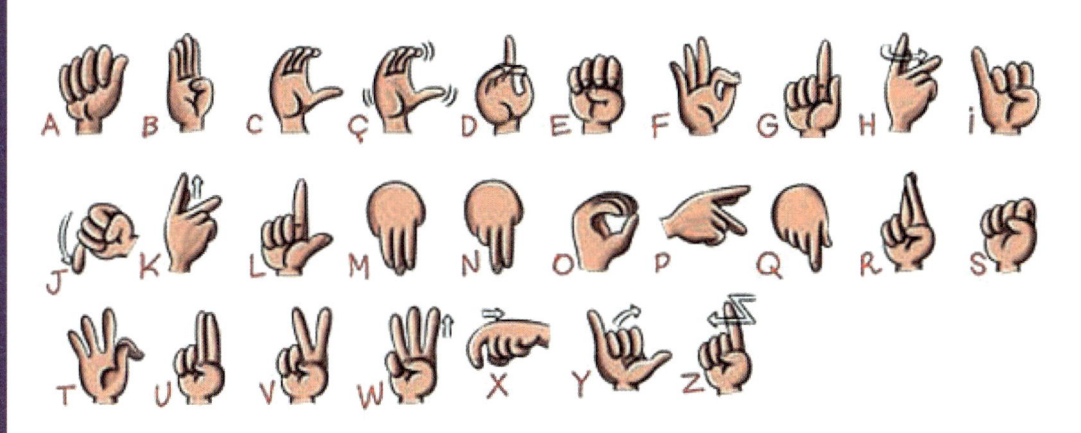

Representação do alfabeto manual em Libras.

A Libras é uma linguagem tecnicamente chamada de "**VISOMOTORA**", porque nela a percepção visual e as ações dos dedos e das mãos estão bem coordenadas. Vem daí um **ESTEREÓTIPO** muito comum associado à comunidade surda: o de que as pessoas são agitadas, bravas. As pessoas "de fora" veem aquela dupla ou aquele grupo gesticulando, usando mãos e dedos, e acham que todos ali são **NERVOSOS** e **AGITADOS**.

Mas essa é uma impressão equivocada. Não estamos falando de personalidade, mas de característica comunicacional.

Pense comigo: os ouvintes, ou seja, as pessoas que usam a audição para se comunicarem, possuem recursos para indicar a intencionalidade durante uma conversa. Elas podem usar a entonação da voz e a modulação das palavras para fazer isso.

No caso da pessoa surda, a **EXPRESSÃO CORPORAL/ FACIAL** é um dos recursos para demonstrar a intencionalidade em uma conversa. Essa característica da linguagem não tem relação com agitação, nervosismo ou um perfil mais emotivo, mas com um modo de expressão que caracteriza a língua de sinais.

Outra coisa: as pessoas ouvintes usam palavras e frases para se comunicarem. Elas não ficam soletrando as letras das palavras em uma conversa. Já pensou se fosse assim? Isso tornaria a prosa impossível. É dessa maneira que você deve encarar o alfabeto manual de Libras, que tem o nome técnico de "**ALFABETO DATILOLÓGICO**". Ele é usado para soletrar manualmente as letras, em Libras, quando o objetivo é expressar uma palavra específica. Ele, por si só, não é uma língua. Ele é apenas um código de representação das letras, assim como o abecedário é na língua portuguesa.

Comunicar-se em Libras envolve diversos sinais, equivalentes a palavras ou mesmo a expressões inteiras. Por essa razão, é um equívoco achar que a Libras é um simples conjunto de gestos ou mímicas. Ela possui uma gramática própria, uma estrutura própria, que estão diretamente ligadas às expressões faciais. São coisas inseparáveis.

SUGESTÃO: expressões faciais em Libras

"*Você sabia? – Expressões faciais e corporais na Língua Brasileira de Sinais*", vídeo da TV CES, o canal no YouTube do Centro de Educação para Surdos Rio Branco. Essa sugestão é excelente para você ter uma ideia melhor do uso das expressões faciais e corporais pela comunidade surda.

Ainda sobre a importância das expressões faciais e corporais para a comunidade surda, eu queria compartilhar uma história envolvendo um professor de educação infantil, ouvinte, e seus alunos surdos. É o vídeo *"Crianças surdas"*.

O sinal pessoal

O sinal pessoal é uma das características mais interessantes da língua de sinais. Ele é utilizado por pessoas da comunidade surda para se apresentarem e se identificarem.

A pessoa, ao se apresentar, soletra seu nome em Libras. Pegando o meu nome como exemplo, eu faria os seguintes sinais usando o alfabeto datilológico:

Depois que o nome se torna conhecido, a pessoa passa a se identificar e a identificar as demais pessoas de seu convívio pelo sinal pessoal. Esse sinal consiste em um gesto, definido a partir de alguma característica física marcante. Cada pessoa tem o seu sinal, e o mais importante: pelas regras da cultura surda, ele **TEM DE SER DADO POR UMA PESSOA SURDA**. Eu tenho um sinal pessoal, que me foi atribuído por um colega de trabalho surdo, chamado Helliton. O meu sinal consiste em passar o dedo indicador sobre a minha sobrancelha direita e, em seguida, "puxar" o meu olho direito com esse indicador, já que tenho traços orientais.

A Izete, que escreveu o capítulo sobre deficiência intelectual, recebeu como sinal pessoal um gesto como se estivesse mexendo em seus óculos, já que essa é uma característica bem presente em seu gestual. E por aí vai.

Uma vez que você tenha recebido um sinal de uma pessoa surda, ele valerá para todas que você vier a conhecer. Você não muda de nome dependendo da pessoa com quem converse. O mesmo vale para o sinal.

Quando você convive com uma pessoa surda, a utilização do sinal pessoal é uma postura que mostra acolhimento e inclusão, e que passa a fazer parte do seu dia a dia. Tanto você vai reconhecê-la pelo sinal atribuído a ela, como a pessoa vai te reconhecer pelo teu sinal.

SUGESTÃO: sinal pessoal

"Qual seu nome em Libras? Meu sinal em Libras", vídeo apresentado por Olavo Leal no canal Escola do Dia a Dia. Com essa sugestão, você pode saber mais sobre o sinal pessoal na Libras (a partir de 3m13s).

Libras tátil e leitura labial tátil

Essas são duas modalidades de comunicação desenvolvidas para pessoas que têm **SURDOCEGUEIRA**, uma forma de deficiência múltipla. São, também, exemplos de como os nossos sentidos podem ser aprimorados. Na Libras tátil, a pessoa surdocega toca nas mãos de uma pessoa se comunicando em Libras. Com base nesse toque, ela consegue compreender a mensagem. Na leitura labial tátil, conhecida como Tadoma, o surdocego aproxima sua mão do rosto da pessoa que está falando, procurando sentir o movimento dos lábios, as vibrações das cordas vocais, o movimento das bochechas, o ar quente expelido pelo nariz para a produção de sons nasais. É incrível constatar como nós, seres humanos, somos capazes de desenvolver diversas habilidades.

Dicas de convivência

A deficiência auditiva e a surdez modificam o **ASPECTO COMUNICACIONAL DO CONVÍVIO**, por isso houve a preocupação de apresentar bem, neste capítulo, as características da Libras, que é uma das formas que a comunidade surda utiliza para compreender o mundo e se expressar. Mas, como você viu, não é a única.

A base da convivência respeitosa com a pessoa surda ou com deficiência auditiva é **SABER QUAL É A FORMA DE COMUNICAÇÃO QUE ELA UTILIZA**. Se adota a Libras, se adota o português e utiliza legendas, se adota o português e consegue fazer leitura labial, se é alfabetizada em Libras mas entende alguma coisa em português... Seja qual for a maneira de se comunicar, existem orientações gerais, que eu compartilho no vídeo *"Comunicação com surdos"*.

A disseminação da Libras é um passo importante para a inclusão. Em um mundo ideal, esse idioma seria mais estudado e difundido, para ampliar a interação entre as pessoas em um ambiente de trabalho, por exemplo.

Falando em ambiente de trabalho, dicas básicas:

» Assegure que vídeos e slides tenham **LEGENDAS** em português e **JANELA DE LIBRAS**, nos mesmos moldes que você está vendo nos vídeos aqui do livro.

» Se você for fazer uma apresentação em um ambiente onde haja uma pessoa surda ou com deficiência auditiva, procure se identificar individualmente para ela, **DE FRENTE PARA A PESSOA**, independentemente de como essa comunicação se dará (se há um intérprete de Libras entre vocês, se ela faz leitura labial, etc.).

» Aliás, em todas as situações em que haja a presença de um intérprete de Libras, não se dirija ao intérprete com frases do tipo "Por favor, fale para ele/ela que…". É muito melhor você fazer a pergunta **SE DIRIGINDO À PESSOA**, e o intérprete faz a tradução.

Além dessas orientações gerais, existem outras possibilidades que você pode considerar:

» Comunicar-se por escrito com a pessoa, inclusive por aplicativos de mensagem (por exemplo, WhatsApp) ou por SMS.

» Instalar aplicativos que traduzem o português falado para Libras. Um bastante conhecido é o Hand Talk. Esse tipo de app facilita comunicações breves e simples, embora não substituam a figura do intérprete de Libras.

» Escrever em papel o que deseja comunicar, para pelo menos resolver algo mais pontual.

IMPORTANTE: durante uma conversa, caso não entenda o que foi dito, não tenha receio de pedir para a pessoa repetir quantas vezes for necessário. Não há problema nisso, e você evita mal-entendidos que podem acontecer caso você tente ficar adivinhando.

Ampliando o entendimento

Com as reflexões que foram propostas não só neste capítulo como também nos capítulos escritos pelos meus colegas, deu para ter uma ideia de que possuir uma deficiência na sociedade em que vivemos significa enfrentar diversos obstáculos para acessar direitos fundamentais a todos os seres humanos. Isso porque a estrutura social vigente foi pensada para atender a apenas uma parcela da população, em detrimento das pessoas que não se enquadram no que foi definido como "normal".

Creio que seja um bom momento para pensarmos de uma forma mais crítica sobre os padrões em que vivemos. No artigo "Normalidade, diversidade e diferença", José Bentes, Cyntia Silva e Maria Cristina Hayashi refletem sobre as possibilidades de compreensão do conceito de normalidade e destacam que os corpos estão a serviço daquilo que é considerado "ideal" para a nossa sociedade e que se relaciona com atributos e desempenhos, como ter uma "boa" aparência e caminhar, escutar e enxergar perfeitamente. Nesse contexto, ser "normal" é seguir um modelo estabelecido, cuja origem discursiva pode ser a mídia, a escola, a família, as clínicas de estética, as sociedades ocidentais ou outras instituições que ditam a identidade padrão a ser seguida por todos.

Nesse sentido, aprender a conviver com pessoas que interagem de forma diferente, como estamos propondo neste livro, é também uma oportunidade para você se aprimorar e pensar "fora da caixa".

Em um recorte bem reduzido e breve, as atividades apresentadas buscaram proporcionar experiências de "mundo invertido". Nesse mundo, por alguns momentos, pessoas ouvintes estiveram em um lugar de desvantagem em relação às pessoas surdas ou com deficiência auditiva. Você viu que fazer leitura labial não é fácil, mas muitas pessoas a desenvolvem quando decidem fazê-lo e contam com o apoio necessário.

Da mesma forma, na série coreana, você viu como é desafiador tentar compreender o que se passa quando estão falando em uma língua diferente da sua, tal qual o português é para quem só entende Libras.

Tendo em mente que a barreira, no caso das pessoas surdas ou com deficiência auditiva, é **UMA BARREIRA RELACIONADA A DIFERENTES MANEIRAS DE SE COMUNICAR**, fica mais fácil se livrar dos preconceitos e não cair nos estereótipos, aproximando-se sem receio desse universo e permitindo-se conhecer mais da cultura surda. Pensando sempre que, independentemente da maneira como ela se comunica, **ALI TEM UMA PESSOA**.

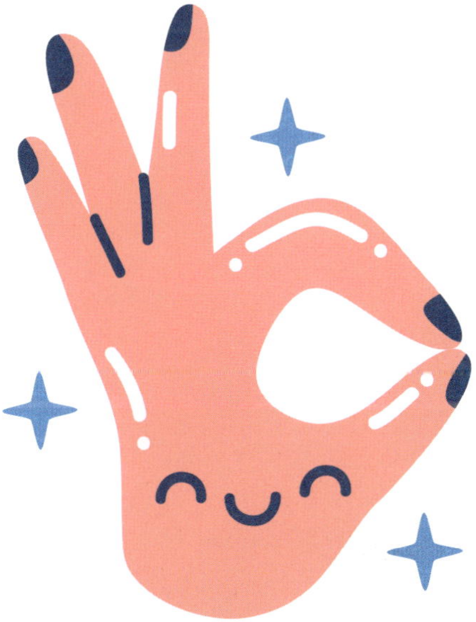

4

DEFICIÊNCIA VISUAL

Depois de você conhecer um pouco mais sobre inclusão na deficiência física, na intelectual e na auditiva, vamos agora nos enveredar por pontos de conscientização relacionados às pessoas com deficiência visual. Costumamos dividir essa parcela da população em dois grupos principais: o das **PESSOAS COM BAIXA VISÃO** e o das **PESSOAS CEGAS**. Descrevendo de uma forma bem resumida, quem tem baixa visão consegue ler textos com fonte ampliada ou com o auxílio de outros recursos ópticos. Já a pessoa cega necessita de recursos como Sistema Braille, audiobooks e leitores de tela. Eu, Paulo, costumo utilizar um leitor de tela chamado NVDA, junto do leitor do Windows e do TalkBack do meu smartphone. Continue comigo nesta leitura, que mais adiante vou falar dessas ferramentas e de outras que propiciam autonomia para as pessoas com deficiência visual.

Mas, neste momento, eu quero convidar você para uma pequena vivência. Peça para um amigo, ou uma amiga, ou colega participar.

Um de vocês vai ter de **CAMINHAR COM OS OLHOS BEM VENDADOS**, e o outro será o guia, em um percurso de 5 minutos. Vocês podem usar uma tira de pano ou uma máscara para vendar os olhos. Evitem ir para a rua, por questão de segurança.

Quem vai conduzir estabelece um objetivo para esse trajeto, mas não informa à pessoa que será guiada. Marquem no cronômetro e comecem essa caminhada a dois. A experiência aqui é para ambos, e neste momento não vou dar mais dica alguma. Só peço que a pessoa que guiará fique atenta, para garantir a segurança da pessoa guiada.

Qual a sensação de caminhar em um ambiente desafiador e desconhecido?

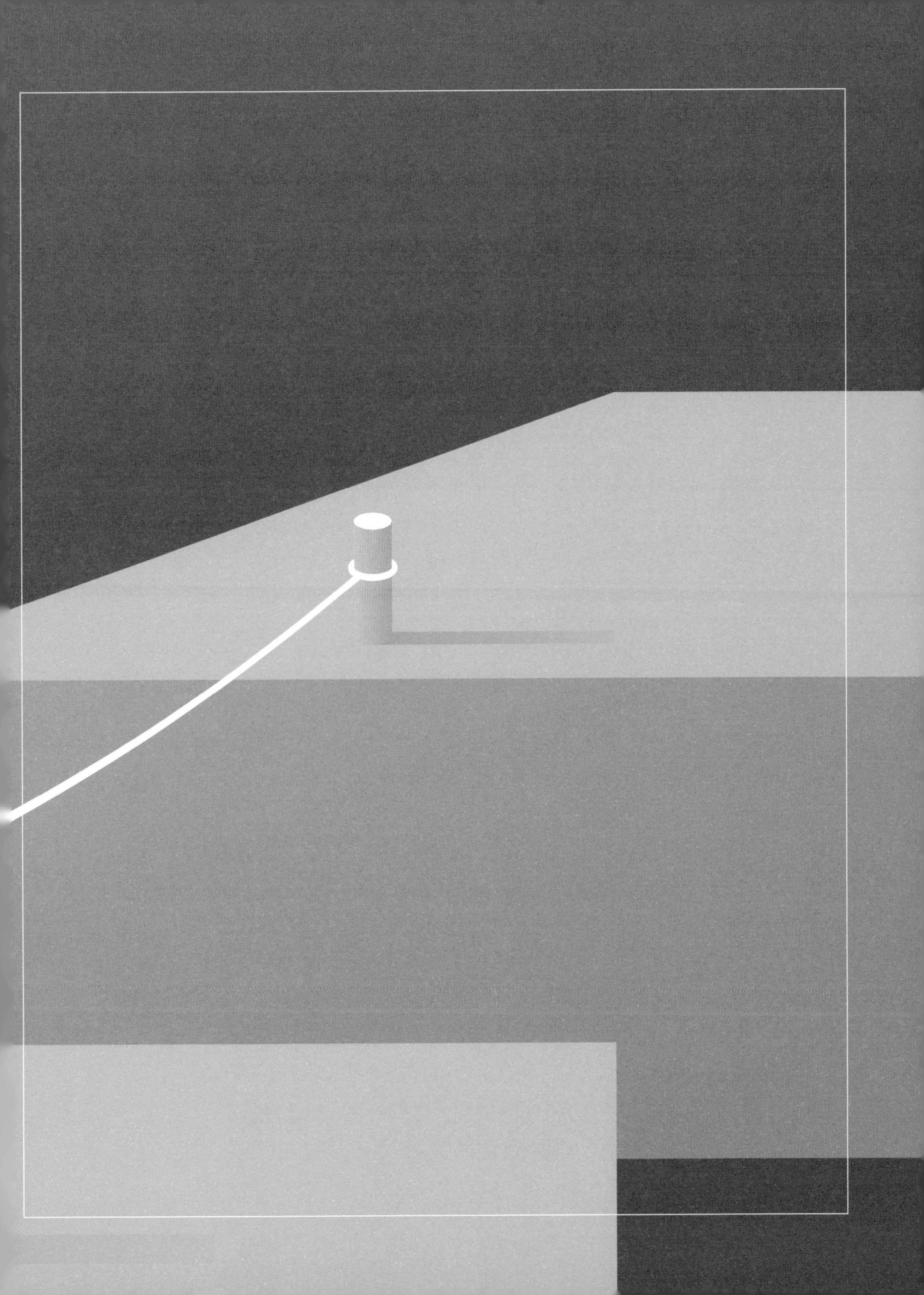

Terminado o percurso, a pessoa que foi guiada retira a venda. Dica: permaneça de olhos fechados por uns instantes, mesmo depois de tirar a venda, e abra os olhos devagar, para não sentir desconforto com o impacto da luz.

Se você foi a pessoa que guiou...

... QUE SENTIMENTOS EXPERIMENTOU DURANTE ESSE TRAJETO?

... VOCÊ TEVE ALGUMA SENSAÇÃO QUE NÃO ESPERAVA TER?

... O QUE MAIS VOCÊ PODERIA RELATAR EM TERMOS DE EXPERIÊNCIA?

Se você foi a pessoa guiada...

… VOCÊ SE APOIOU NA OUTRA PESSOA? SEGUROU-A COMO?

… QUAL FOI A MAIOR DIFICULDADE EM FAZER ESSE TRAJETO DEPENDENDO DE ALGUÉM?

… VOCÊ SENTIU MEDO?

… VOCÊ SE SENTIU CAMINHANDO COM OS PÉS ARRASTANDO?

… SE FOSSE NOMEAR TRÊS SENTIMENTOS QUE TEVE, QUAIS SERIAM?

Mas a experiência não acabou.
Agora, troquem de papéis.
A pessoa que foi guiada será
guia desta vez. Podem usar o
mesmo ambiente, mas mudem o
percurso. Também só 5 minutos.
Depois, procurem refletir sobre
as mesmas questões.

Provavelmente, nessa vivência ambas as pessoas tiveram algumas dificuldades. E foi apenas uma experiência curtinha, de 5 minutos, em um ambiente fechado. Agora, pense nisso de uma forma ampliada, no "mundo real". A **FALTA DE CONHECIMENTO** gera uma situação de desconforto para quem está guiando e de falta de respeito a quem está sendo guiado. Quando eu digo falta de respeito, não estou exagerando. Já tentaram me conduzir puxando o pé da bengala, outros quiseram me guiar me puxando pelo braço, já me mostraram a cadeira em que eu deveria me sentar me puxando pelo cós da calça e até já me empurraram para que eu sentasse em algum lugar.

Bem, você está aqui para aprender, aliás, todos nós estamos sempre aprendendo, então eu queria pedir para você acessar o vídeo *"Caminhada"*. Nesse vídeo, eu falo sobre **ORIENTAÇÃO E MOBILIDADE DA PESSOA COM DEFICIÊNCIA VISUAL**, com participação da Izete como minha guia, do Mário de olhos vendados e da Andreza guiando o Mário. Preste atenção em todas as situações mostradas, para você perceber onde pode ter agido de forma inadequada e a maneira segura de auxiliar uma pessoa cega a se locomover.

Tecnologias assistivas na deficiência visual

Essa atividade fez com que você experimentasse um "rolê" com os olhos vendados, mas não a experiência total de uma pessoa cega. A qualquer momento você poderia tirar a venda, se precisasse. O cego continua sendo cego.

Tendo isso em mente, dá para ter uma ideia da importância das tecnologias assistivas, que são os recursos e serviços que contribuem para **A AUTONOMIA E A INCLUSÃO** das pessoas com deficiência.

No caso das pessoas com deficiência visual, as tecnologias assistivas podem ser divididas em três categorias:

» para **LOCOMOÇÃO**;
» para **COMUNICAÇÃO E INFORMAÇÃO**; e
» para **EDUCAÇÃO**.

É útil que você conheça um pouco mais desses recursos, pois isso faz diferença em seu convívio com as pessoas com deficiência.

Tecnologias assistivas para locomoção

Nessa categoria, vou citar como exemplos os pisos táteis, que foram mostrados no vídeo *"Caminhada"*, a bengala longa, a bengala eletrônica e o sistema de navegação por GPS.

PISOS TÁTEIS

Esses pisos são importantíssimos para a acessibilidade, pois possibilitam que as pessoas com deficiência visual tenham autonomia para ir e vir de forma segura. Sem os pisos táteis, essas pessoas dependeriam de outras para se locomoverem, limitando sua vida social e profissional e aumentando o risco de acidentes.

Como você viu, são **DOIS TIPOS**. Um deles é o **PISO TÁTIL DIRECIONAL**, formado por **PLACAS COM RELEVOS EM FORMA DE BARRAS PARALELAS**, que serve para orientar sobre o caminho a seguir. O outro é o **PISO TÁTIL DE ALERTA**. Ele é composto por placas com relevos em forma de bolinhas e indica presença de obstáculo ou mudança de direção.

É importante que todos respeitem os pisos táteis. Não é permitido estacionar veículos, colocar objetos ou realizar outras atividades que possam obstruir ou danificar os pisos táteis. Se você vir um piso tátil danificado ou obstruído, avise o responsável pelo local.

BENGALA LONGA

Esse é o dispositivo para pessoas com deficiência visual mais conhecido. Acho que você deve estar pensando naquele estereótipo de bengalas de madeira duras e pesadas. Mas, quando falamos de tecnologia assistiva em caso de deficiência visual, o material da bengala longa precisa ser leve e resistente, como alumínio ou fibra de carbono.

A bengala é essencial para a **SEGURANÇA** das pessoas com deficiência visual, pois ajuda a evitar trombadas e colisões com pedestres, carros, postes e outros obstáculos.

Você já havia reparado que existem bengalas de cores diferentes? Temos a branca, a bengala verde e a bengala branca e vermelha. Há um motivo para isso, e não tem nada a ver com preferência estética ou time de futebol. Na verdade, essa é uma sinalização, uma comunicação. Você imagina o que seja?

Eu gostaria de manter o mistério por um pouco mais de tempo, mas vamos lá. Acesse o vídeo *"Bengalas"*. Nesse vídeo, eu uso miniaturas de bengalas para explicar as cores delas, pois isso modifica o contato com a pessoa com deficiência visual.

Na próxima vez em que você vir uma pessoa na rua caminhando com uma bengala longa, procure reparar na cor dela. Cada cor tem um significado diferente. Ou você ainda não tinha notado isso?

Reforçando, então, a bengala branca tem a função de identificar que a pessoa é **CEGA**; a verde é utilizada por quem tem **BAIXA VISÃO**, e a branca e vermelha é destinada à pessoa **SURDOCEGA**, ou seja, a pessoa que tem deficiência múltipla de surdez e cegueira.

E, aqui, não custa repetir: a bengala é uma **EXTENSÃO DO CORPO**, portanto nunca tire esse objeto de onde a pessoa com deficiência o deixou. Se por algum motivo for preciso remover a bengala do lugar em que ela foi deixada, faça isso avisando a pessoa com deficiência sobre o novo local em que ela está sendo colocada.

BENGALA ELETRÔNICA

Esse tipo de bengala usa sensores para detectar obstáculos e emitir alertas sonoros ou vibratórios. Ela é mais sofisticada do que a bengala longa e evita colisões com **OBSTÁCULOS ACIMA DA LINHA DA CINTURA**, como lixeiras.

SISTEMA DE NAVEGAÇÃO POR GPS

Esse sistema ajuda na orientação em ambientes desconhecidos, utilizando satélites para fornecer **INFORMAÇÕES À PESSOA SOBRE ONDE ELA ESTÁ**. A navegação por GPS pode ser usada em smartphones, tablets ou dispositivos específicos para pessoas com deficiência visual.

Tecnologias assistivas para comunicação e informação

Sei que você ficou na expectativa sobre os comentários a respeito dos leitores de tela, e vou agora falar deles, além do Sistema Braille. Minha intenção é ajudar você, cara leitora, caro leitor, a auxiliar pessoas cegas ou de baixa visão que pertençam ao seu círculo familiar, de amizade ou profissional. Já falamos que uma das barreiras importantes que temos de combater são as **BARREIRAS COMUNICACIONAIS**, porque a existência delas dificulta que os cegos interajam com outras pessoas e sejam produtivos, impactando a sua autonomia (inclusive, a autonomia financeira). Por isso, eu dou atenção especial a esses recursos aqui neste capítulo.

LEITORES DE TELA

Os softwares de leitura, ou leitores de tela, são instalados em computadores, smartphones e tablets e descrevem com voz o conteúdo textual da tela, assim como menus, botões, links... Com isso, nós, cegos, temos acesso a uma grande quantidade de informação, como livros digitais, sites, mensagens de e-mail...

O **NVDA** (NonVisual Desktop Access), que eu citei no começo do capítulo, é o leitor mais usado no Brasil. Desenvolvido para o sistema operacional Windows, é de código aberto e gratuito. Com essa ferramenta, eu consigo navegar na internet, fazer compras on-line, acessar serviços bancários, utilizar redes sociais e escrever textos. Eu digito utilizando um teclado convencional, e o leitor de tela vai reproduzindo, em áudio, o que estou escrevendo. Com treinamento, as pessoas cegas conseguem digitar sem problemas em um teclado convencional. Se você prestar atenção, vai perceber que mesmo as pessoas que enxergam muitas vezes digitam sem olhar para o teclado. Repare no teclado do seu computador: as teclas das letras "f" e "j" têm um sinal em relevo. Esse é um recurso de acessibilidade, pois auxilia o cego a posicionar as mãos na forma correta para digitar.

Além do NVDA, eu tenho usado o **LEITOR DE TELA DO WINDOWS**, porém já aviso que esse leitor é muito simples, portanto eu o utilizo como apoio. Como é gratuito e já vem instalado, é uma ótima opção para a pessoa cega começar seu processo de autonomia no mundo digital. Resumindo, ele é fácil de utilizar, mas com menos funcionalidades do que outros disponíveis.

Outro leitor conhecido é o **DOSVOX**, que na verdade é mais do que isso. Ele é um sistema operacional completo, também gratuito e para PC.

Eu também não poderia deixar de mencionar o primeiro leitor que usei na minha vida e que me proporcionou atuar com mais autonomia no local em que eu trabalhava na época, como funcionário público. Estou falando do **VIRTUAL VISION**, um software brasileiro criado em 1998 e de grande relevância na história da acessibilidade digital no Brasil. Essa ferramenta foi passando por aprimoramentos e se tornou compatível com diversos sistemas operacionais Windows.

A próxima ferramenta que eu cito é o conhecido mundialmente **JAWS** (Job Access With Speech). Ele é pago, funciona em diversas versões do sistema operacional Windows, desde as antigas até as mais recentes, e é bastante robusto, com uma síntese de voz de alta qualidade e muitos recursos. Mesmo sendo o leitor de tela mais popular do mundo, para mim representou o maior desafio que tive com esse tipo de tecnologia assistiva.

Eu passei por esse aperto quando fui aprovado em um concurso público e deixei o local onde eu trabalhava usando o Virtual Vision. No novo trabalho, a ferramenta disponibilizada para pessoas com deficiência visual era o JAWS. Eu não tive opção de escolha. Infelizmente, não fizeram o que costumamos sempre recomendar, que é a empresa perguntar ao funcionário cego qual leitor ele utiliza, para que ele possa desempenhar seu trabalho da melhor forma possível.

Nem sempre o mais robusto ou potente significa que será o mais indicado para a pessoa, por isso repito: é a pessoa cega quem deve escolher o leitor de tela ideal para o seu desenvolvimento informativo e comunicacional.

Pretendo agora fazer um breve comentário sobre os leitores de tela dos smartphones, pois os dispositivos móveis já vêm com esse recurso em suas configurações. Temos aí o **TALKBACK** (Android) e o **VOICEOVER**, recurso de acessibilidade padrão dos dispositivos da Apple.

SISTEMA BRAILLE

O Sistema Braille foi criado na primeira metade do século XIX. Ele consiste em um arranjo de 6 pontos em relevo, dispostos em 2 colunas de 3 linhas. Esse arranjo se chama "cela Braille". Conforme os pontos são organizados em cada cela Braille, é possível fazer diferentes combinações, para identificar letras, números, símbolos... Por isso é que muitas pessoas cegas leem passando os dedos sobre um papel com impressão em Braille.

| a | b | c | d | e | f | g | h | i | j | k | l | m |

| n | o | p | q | r | s | t | u | v | w | x | y | z |

O alfabeto Braille (em português) mostra as diferentes combinações de pontos que formam cada uma das letras. Note que cada combinação tem sempre como base a cela Braille, que são 6 pontos dispostos em 2 colunas de 3 linhas.

Fonte: Brasil (2018, p. 23).

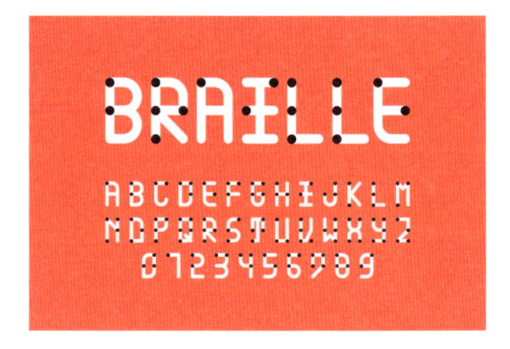

Eu quero agora apresentar para você recursos físicos e digitais no âmbito do Braille. Cada um tem características e funcionalidades específicas, atendendo às diversas necessidades dos usuários.

Reglete e punção para escrita em Braille. O papel fica preso na reglete, e, com o punção, a pessoa com deficiência visual espeta o papel utilizando os limites de cada cela Braille da reglete.

Exemplo de máquina de escrever Braille. A pessoa consegue obter letras e números em Braille apertando determinadas teclas juntas.

↑ Punção e reglete

↑ Máquina de escrever Braille

Esses são itens que permitem **ESCREVER EM BRAILLE** em termos físicos.

A **REGLETE** é uma espécie de régua com celas Braille. A pessoa insere um papel na reglete e, com o **PUNÇÃO**, vai espetando o papel dentro dos limites das celas Braille, produzindo combinações de pontos.

Esse recurso, tradicional, utiliza um teclado mecânico para gerar pontos no papel. A máquina tem poucas teclas, e apertando diferentes combinações de teclas a pessoa é capaz de desenvolver textos em Braille.

Linha ou display Braille. Os teclados de cima servem para digitar textos, e a parte de baixo permite a leitura do que está na tela do computador, já que os pontinhos sobem e descem, formando os relevos que a pessoa cega compreende ao passar os dedos por cima.

↑ Linha Braille ou display Braille

Esse é um equipamento caro, mas bastante interessante. Ele tem formato retangular. Na parte de baixo desse retângulo, existem celas Braille, ou seja, arranjos de pontos. Quando a linha Braille é conectada a um computador, as informações da tela chegam ao usuário da seguinte maneira: os pontos sobem e descem continuamente, formando o relevo que permite à pessoa compreender a mensagem passando os dedos sobre esse relevo. Esse recurso é muito importante para os nossos colegas surdocegos, que não se beneficiariam de um leitor de tela, já que não escutariam a voz do leitor.

Já as teclas na parte de cima da linha Braille funcionam segundo o mesmo princípio da máquina de escrever Braille. A diferença é que a máquina de escrever tradicional forma os relevos em papel, e a linha Braille, caso a pessoa queira, já transforma o que foi digitado no idioma desejado. Por exemplo, o texto apareceria em português na tela.

Você deve estar achando todos esses equipamentos complexos de usar, mas eles são um exemplo de como a mente humana é capaz de se desenvolver diante de desafios e dificuldades.

Teclado de computador Braille

Nesse equipamento, as teclas correspondem às células Braille. A pessoa cega digita diretamente no teclado, e os pontos Braille são enviados para o computador. Como eu disse antes, no meu caso, acho mais prático utilizar o teclado convencional mesmo.

Software de Braille

Esse programa de computador possibilita a escrita em Braille utilizando um teclado convencional. O software converte a digitação da pessoa cega em pontos Braille, apresentando-os no computador ou na linha Braille, que é o equipamento que citei anteriormente.

Impressora Braille

Como diz o nome, esse recurso permite a impressão de documentos em Braille. É útil principalmente para quem precisa que documentos originalmente impressos a tinta sejam disponibilizados na versão em Braille.

SCANNER DE TEXTO

Com esse recurso, as pessoas com deficiência visual podem digitalizar documentos impressos, para que eles sejam convertidos em áudio ou transcritos para Braille. Um detalhe aqui, já que a gente não perde uma oportunidade para aprender: o certo é falar **"TRANSCRIÇÃO PARA BRAILLE"**, e não "tradução".

Tecnologias assistivas para educação

Aqui, nessa categoria, eu destaco os livros didáticos em Braille e os computadores adaptados.

LIVROS DIDÁTICOS EM BRAILLE

Você pode estar pensando: mas, mesmo neste nosso mundo digital, uma escrita baseada no contato físico, no tato, continua importante? Eu digo com segurança que sim. Quase 200 anos depois de ter sido inventado, **O BRAILLE AINDA É A PRINCIPAL FERRAMENTA PARA ALFABETIZAÇÃO DA PESSOA CEGA**, pois é a forma que a pessoa tem de obter letras e números. Note que muitos dos equipamentos que eu citei, mesmo sendo tecnológicos, têm o Braille como base. Por isso, os livros didáticos em Braille são uma ferramenta importante, principalmente para crianças com deficiência visual.

COMPUTADOR ADAPTADO

Existem diversos softwares e hardwares para adaptar computadores, permitindo que sejam usados por pessoas com deficiência visual para estudar. Um exemplo é o **FEEDBACK HÁPTICO**. Com essa tecnologia, a pessoa recebe uma resposta tátil quando interage com dispositivos eletrônicos, como um mouse. Com essa resposta tátil ao clicar em um botão, por exemplo, a pessoa pode ter mais confiança de que a ação foi realizada com sucesso.

Máquinas e equipamentos adaptados

Nós temos também outros recursos, como alarmes sonoros ou vibratórios, para alertar sobre perigos ou eventos, e marcadores táteis para indicar a localização de botões e controles.

Atitudes
no dia a dia

Os recursos de tecnologia assistiva cumprem papéis muito importantes, mas, mais uma vez, não podemos deixar de destacar a inclusão atitudinal. Eliminar barreiras atitudinais depende basicamente de você, e não de equipamentos e itens tecnológicos.

Vou convidar para uma pequena atividade que pode dar uma ideia de como está o seu "radar" para a inclusão de pessoas com deficiência visual.

Imagine que você faça parte da organização de uma **APRESENTAÇÃO** corporativa, presencial. Ela acontecerá em uma sala de aula grande, com 45 carteiras que vão servir de assentos durante o evento. Serão 35 participantes, que não se conhecem. Estão previstas algumas atividades integrativas, então essas pessoas precisarão saber dos nomes umas das outras. Entre os participantes, **TEREMOS DUAS PESSOAS COM BAIXA VISÃO E UMA PESSOA CEGA**. Haverá um telão com projeção de slide, para que sejam mostradas imagens e algumas informações em texto. A pessoa que vai conduzir a apresentação estará em pé e usará microfone, já que o número de pessoas é considerável e existem duas caixas de som na sala.

COMO VOCÊ VAI ORGANIZAR AS CARTEIRAS?

COMO SERÁ FEITA A IDENTIFICAÇÃO DOS PARTICIPANTES?

QUAIS MEDIDAS TOMARÁ EM RELAÇÃO À APRESENTAÇÃO NO TELÃO?

ALGUMA ORIENTAÇÃO ESPECÍFICA PARA A PESSOA QUE VAI FALAR NA FRENTE?

QUAIS OUTRAS PROVIDÊNCIAS VOCÊ PRECISARÁ TOMAR PARA QUE ESSE ENCONTRO SEJA ACESSÍVEL AOS PARTICIPANTES COM BAIXA VISÃO E À PESSOA CEGA?

A organização dessa atividade imaginária que eu propus rende um checklist!

No caso das carteiras, organize-as de modo que elas **NÃO FORMEM UM LABIRINTO**. Se estivéssemos falando de um espaço menor e um evento com menos gente, uma arrumação boa seria a em **FORMA DE U**. É assim, inclusive, que eu dou as minhas aulas, até para poder me movimentar com tranquilidade. No exemplo que foi dado aqui, o importante é garantir que as carteiras não acabem se transformando em obstáculos para as pessoas com deficiência visual. Uma boa dica é retirar da sala as carteiras que não serão usadas, já que o número de carteiras é maior que o de participantes.

O ideal é que os nomes dos participantes sejam escritos em papéis com **LETRA GRANDE**, afixados em frente às carteiras, para que sejam compreensíveis para quem tenha baixa visão.

O conteúdo do slide no telão deve ser lido em voz alta. Isso pode ser feito pela pessoa que está fazendo a apresentação. E não se esqueça da **AUDIODESCRIÇÃO** de elementos gráficos e imagens.

Ah, eu disse que a pessoa falará usando microfone. Antes de começar a apresentação, o ideal é que ela **FALE UM POUCO FORA DELE**, para as pessoas com deficiência visual presentes na sala situarem o ponto onde a pessoa emitindo a voz está. Caso contrário, elas ficarão com a cabeça voltada para as caixas de som.

Falei da audiodescrição das imagens do telão e já ia me esquecendo da **AUTODESCRIÇÃO**. Para que essa reunião já comece acessível às pessoas com deficiência visual, oriente a pessoa que vai fazer a apresentação a se autodescrever para os participantes, do modo como os meus colegas e eu fizemos no início do livro.

Frustrações e dificuldades

A falta de conhecimento das pessoas ao conviver com alguém cego produz algumas situações que, quando a gente conta, parecem até engraçadas. Mas, dia após dia, acabam gerando dificuldades que poderiam ser evitadas.

Sabe aquele cão lindo, fofo, usando aquela coleira diferente que é segurada por uma pessoa com deficiência visual? A vontade de chegar e fazer um cafuné é grande, mas não faça isso. Ele é um cão-guia, treinado para ajudar na autonomia da pessoa cega. Tanto que ele pode entrar em qualquer lugar: edifícios comerciais, restaurantes, bibliotecas, supermercados, locais religiosos, sistemas de transporte...

O **CÃO-GUIA ESTÁ A SERVIÇO**; se você o distrair indo mexer nele, colocará em risco a segurança da pessoa.

Eu não utilizo cão-guia. Tenho a minha bengala branca e busco promover a acessibilidade nos ambientes que frequento. Mesmo assim, os desafios volta e meia aparecem. Alguns deles, eu conto no vídeo *"Desafios – DV"*.

SUGESTÃO

No YouTube, existem várias opções de *vídeos de efeitos sonoros*. Deixo aqui uma sugestão de 3m37s de duração. A ideia é você dar o play e desligar o monitor. Perceba como, à medida que o vídeo avançar, você vai procurar se concentrar e apurar o sentido da audição para usufruir das sensações provocadas pelos sons. Aliás, perceba também como os diferentes sons modificam as suas sensações.

Novas formas de aprender

Agora que você já tem muito mais informação sobre acessibilidade e inclusão para pessoas com deficiência visual, tenho certeza de que aquela vivência da caminhada com os olhos vendados seria diferente. Vamos praticar, então!

Se você fará o papel da pessoa que guiará, reforço aqui os **PONTOS PRINCIPAIS**:

» ofereça seu braço, na região do cotovelo, para que a pessoa que está vendada segure;

» durante o percurso, informe sobre obstáculos que estejam no caminho, como desníveis;

» quando chegarem em um degrau, avise, falando se é para subir ou descer;

» em uma escada, seja de subida ou de descida, procure colocar a mão da pessoa no corrimão, caso ela assim prefira e se sinta mais segura;

» avise quando a pessoa estiver no último degrau, para que ela se prepare para o final da escada;

» se passarem por lugares estreitos, como portas e corredores, posicione seu braço para trás, de modo que a pessoa cega possa seguir você;

» se chegarem a uma cadeira, coloque a mão da pessoa no encosto, para que ela se situe e se sente. Se for uma cadeira com características diferentes, como rodinhas ou carteira do tipo escolar, informe a pessoa com deficiência visual.

Agora, se você será a pessoa guiada, eu convido para que procure explorar melhor as sensações. Estamos chegando ao fim do capítulo, e eu pretendo tornar nossa conversa mais poética.

Explorando os sentidos

Ao caminhar com a visão obstruída, uma **MIRÍADE DE PERCEPÇÕES SE REVELA**, desvendando detalhes que geralmente são ignorados. Essa experiência se configura como uma investigação sensorial multifacetada, em que cada passo é marcado por uma sinfonia de sensações. Isso acontece porque **O CÉREBRO SE ADAPTA** à falta do sentido da visão, criando estratégias para navegar. A atenção se concentra nos detalhes, os outros sentidos se aguçam, e a intuição se torna um guia fundamental. A mente se abre para novas formas de aprender e se conectar com o mundo.

EXPERIÊNCIAS TÁTEIS

Na caminhada, você poderá sentir que a sua percepção se intensifica, elevando a **CONSCIÊNCIA DO CORPO** no espaço. A cada passo, o corpo se ajusta e se equilibra, adaptando-se às mudanças de superfície e à inclinação do terreno, com segurança.

Com os olhos vendados, nós observamos saliências em destaque. Isso mesmo, observamos. Ou pensa que observar é só para quem enxerga? A textura do solo se manifesta como uma estrutura direcional sob os pés. Dependendo do lugar, conseguimos sentir a maciez da grama fresca contrastando com a rugosidade do chão cimentado.

Cada passo se torna uma descoberta, um convite para explorar as nuances do espaço por meio do tato.

Quando você usa a mão como apoio, vê que elas servem como ferramenta de navegação, traçando o caminho com cuidado. Ao tatear a lisura de uma parede de mármore, a aspereza de um tronco de árvore e a textura irregular de um muro de tijolos, você guia o corpo, revelando também a história e a natureza do ambiente.

ASPECTOS AUDITIVOS

Você se move em um **UNIVERSO AMPLIFICADO**, notando diversos sons não percebidos antes e que passam a assumir o protagonismo. O canto dos pássaros se apresenta como uma melodia complexa; o barulho do trânsito se transforma em um ritmo frenético, e o murmúrio de uma conversa distante desperta a curiosidade. A audição se torna um radar para o mundo, captando pontos relevantes e construindo uma narrativa sonora do ambiente.

O som dos seus passos se torna um guia fundamental. A cada passo, o eco retorna, revelando a presença de obstáculos ou espaços vazios. É como um sonar natural que permite navegar com segurança, mesmo sem a visão.

ASPECTOS OLFATIVOS

O ar se torna um **PORTAL PARA DIFERENTES LUGARES**. O perfume exalado pela grama fresca transporta para um campo florido; o aroma de café de uma cafeteria evoca aconchego e a fragrância da maresia traz a sensação de estar à beira-mar. O olfato funciona como um mapa, guiando o indivíduo por diferentes cenários e memórias. No dia a dia, sentimos os diversos odores de ambientes empresariais e comerciais. Por exemplo: são bem distintos os cheiros de uma padaria, os de uma farmácia e os de uma oficina mecânica.

Emoções em movimento

A vivência de caminhar sem enxergar pode gerar alguma ansiedade pela incerteza, mas também libera **ESPAÇO PARA A CRIATIVIDADE** e a aventura. A cada passo, a mente é apresentada a novas possibilidades, investigando o desconhecido e descobrindo novas perspectivas.

Quero concluir com você dizendo que andar com os olhos vendados transcende uma mera ação, constituindo-se em uma jornada de autodescoberta e reconexão com o mundo. É um convite para mergulhar em um universo de sensações, explorar a riqueza do ambiente com os sentidos aguçados e se **ENCANTAR COM A BELEZA E A MAGIA** do mundo ao nosso redor.

Estamos sempre aprendendo!

5

MAIS REFLEXÕES SOBRE O CAPACITISMO

A Andreza, a Izete, o Mário e eu, Paulo, abordamos o capacitismo ao longo do livro, mas eu gostaria de deixar mais algumas palavras.

O capacitismo transcende a mera discriminação individual, configurando-se como um sistema de opressão estrutural enraizado na sociedade. Esse organismo perpetua a marginalização e a exclusão de pessoas com deficiência, violando seus direitos e dando continuidade à desigualdade social.

Falamos no livro de atitudes e falas capacitistas, mas existem outros exemplos de ações capacitistas que precisam do nosso olhar mais atento, pois são mais sutis, embora estejam em toda parte.

Começo lhe informando que as barreiras que impedem a acessibilidade são formas de capacitismo. Em **AMBIENTES DESPREPARADOS**, a autonomia das pessoas com deficiência fica seriamente comprometida, inviabilizando o desenvolvimento pleno desse grupo social.

Portanto, a **AUSÊNCIA DE INFRAESTRUTURA FÍSICA E DIGITAL ACESSÍVEL** em espaços públicos e privados, incluindo escolas, hospitais, empresas, órgãos governamentais e plataformas on-line, privando as pessoas com deficiência de oportunidades essenciais e violando o princípio da acessibilidade universal, configura capacitismo também.

Não sei se você já reparou, mas muitos lugares não oferecem estrutura. E, mesmo assim, a sociedade opta por dizer que não é lugar para a pessoa com deficiência.

O sistema impregnado de atitudes excludentes leva a sociedade a acreditar que o problema não está no local inacessível, mas na pessoa que quer frequentar aquele ambiente.

Vou sugerir que, quando você for realizar uma festa de confraternização com os membros da sua família, da empresa ou da escola, consulte ou mesmo visite o restaurante para saber se é um ambiente acessível.

Se passarmos a exigir mais dos locais, acredito que eles entenderão a necessidade de mudança.

Oi? Você continua no mesmo plano terrestre em que eu me encontro?

Pode parecer utopia, mas seguimos fazendo a nossa parte.

As **DIFICULDADES NA INSERÇÃO E NA PERMANÊNCIA NO MERCADO DE TRABALHO**, com empresas que não oferecem oportunidades de emprego para pessoas com deficiência ou as colocam em funções subalternas e desvalorizadas, ampliando a disparidade salarial, também são manifestações de capacitismo. Como foi dito no começo do livro, ainda encontramos empresas que contratam pessoas com deficiência só para atender à lei de reserva de vagas, mas não valorizam o profissional por mera atitude capacitista.

Quando um RH não tem a habilidade de trabalhar o processo de contratação e a retenção de talentos de pessoas com algum tipo de deficiência, passa a transformar a sua empresa em depósito segregador e não cumpre o objetivo da lei, que é uma ação afirmativa para promover o processo de inclusão.

Agora, vamos tratar de outra forma do capacitismo, que são os **PRECONCEITOS E ESTEREÓTIPOS**.

Um exemplo são as crenças negativas e internalizadas sobre as capacidades e potencialidades das pessoas com deficiência, como a ideia de que são menos inteligentes, menos produtivas ou menos capazes de viver de forma independente, reforçando a marginalização social e a baixa autoestima. Já passei por situações discriminatórias em grandes empresas. Em um caso, a pessoa que estava atendendo, em vez de perguntar meus dados diretamente para mim, perguntava para a minha esposa. No momento em que ela ia responder, eu me posicionava respondendo, afinal eram os meus dados que estavam sendo solicitados.

Cabe também falarmos da **SEGREGAÇÃO NA EDUCAÇÃO**, da falta de acesso à educação regular e inclusiva, com escolas e universidades que não estão preparadas para atender às necessidades específicas de estudantes com deficiência, segregando-os em escolas especiais e privando-os de uma educação de qualidade.

Podemos falar também das atitudes paternalistas e infantilizantes, que tratam as pessoas com deficiência como se fossem crianças ou incapazes de tomar decisões, negando-lhes autonomia, autodeterminação e o direito à participação social, restringindo suas liberdades individuais.

Você acha que acabou, só que não!

Acredito que seja importante também falarmos da **FALTA DE REPRESENTATIVIDADE** das pessoas com deficiência visual, observando que a mídia e a publicidade não refletem a diversidade da comunidade PCD, invisibilizando suas experiências e conquistas, reforçando estereótipos negativos e potencializando a exclusão.

Quem conhece uma plataforma de streaming que tenha seus filmes e documentários totalmente com audiodescrição?

Quem conhece uma propaganda publicitária que tenha uma pessoa cega como protagonista?

Ainda são desafios que serão conquistados pelas próximas gerações.

Nossa saga pelas situações capacitistas prossegue, pontuando agora os **OBSTÁCULOS NO TRANSPORTE PÚBLICO**, no qual falta infraestrutura adequada e acessível em ônibus, metrôs, trens e outros meios de transporte, como elevadores, plataformas elevatórias e espaços reservados para pessoas com deficiência, limitando a mobilidade urbana e o acesso a serviços essenciais.

Encontramos, ainda, **BARREIRAS NO ACESSO A ATIVIDADES SOCIAIS, CULTURAIS E DE LAZER**, como eventos, esportes, viagens e turismo. Essas barreiras aparecem na falta de rampas, intérpretes de libras e audiodescrição, privando as pessoas com deficiência de experiências enriquecedoras e violando o direito à cultura e ao lazer.

Você deve estar se perguntando se eu já percebi avanços em relação à acessibilidade das pessoas com deficiência. Sim, com certeza; não há como negar que a lei de cotas, as tecnologias assistivas e as atitudes de muitas pessoas que já se conscientizaram sobre a importância de combater o capacitismo são importantes marcadores na conquista de direitos, mas ainda temos muito a fazer.

Compartilhar o que você teve a oportunidade de aprender e conhecer neste livro é também uma maneira de combate ao capacitismo. Espero, junto de meus colegas, ter despertado em sua mente ações para uma sociedade mais justa e inclusiva.

Referências

ANDREAZZI, Fernanda. O que é educação inclusiva? Conheça os benefícios para a escola! **PERTO EDUCAÇÃO**, 16 mar. 2020. Disponível em: https://pertoeducacao.com/blog/o-que-e-educacao-inclusiva. Acesso em: 18 abr. 2024.

BENTES, José Anchieta de Oliveira; SILVA, Cyntia França Cavalcante de Andrade da; HAYASHI, Maria Cristina Piumbato Innocentini. Normalidade, diversidade e diferença: como o corpo de pessoas com deficiência é visto na atualidade? **REVISTA IBERO-AMERICANA DE ESTUDOS EM EDUCAÇÃO**, v. 11, n. 2, abr.-jun. 2016. Disponível em: https://periodicos.fclar.unesp.br/iberoamericana/article/view/8523/0. Acesso em: 18 abr. 2024.

BRASIL. Ministério da Educação. **GRAFIA BRAILLE PARA A LÍNGUA PORTUGUESA**. 3. ed. Brasília: Ministério da Educação, 2018.

CROMACK, Eliane Maria Polidoro da Costa. Identidade, cultura surda e produção de subjetividades e educação: atravessamentos e implicações sociais. **PSICOLOGIA**: Ciência e Profissão, v. 24, n. 4, dez. 2004. Disponível em: https://www.scielo.br/j/pcp/a/gwqgpPLXRVQWSfVVrLd8WsS/abstract/?lang=pt. Acesso em: 18 abr. 2024.

DIAS, Sueli de Souza; OLIVEIRA, Maria Cláudia Santos Lopes de. Deficiência intelectual na perspectiva histórico-cultural: contribuições ao estudo do desenvolvimento adulto. **REVISTA BRASILEIRA DE EDUCAÇÃO ESPECIAL**, v. 19, n. 2, jun. 2013. Disponível em: https://www.scielo.br/j/rbee/a/HQwb73v6jhsrVZdwJfhXvhc/?lang=pt. Acesso em: 20 dez. 2023.

FUJIHIRA, Carolina Yuki (org.). **MUDE SEU FALAR QUE EU MUDO MEU OUVIR**: acessibilidade – um livro escrito por pessoas com deficiência intelectual. São Paulo: Associação Carpe Diem, 2012.

INSTITUTO JÔ CLEMENTE. **O QUE É DEFICIÊNCIA INTELECTUAL**, [s. d.]. Disponível em: https://www.ijc.org.br/Paginas/o-que-e-deficiencia-intelectual.aspx. Acesso em: 19 dez. 2023.

NEGRÃO, Davidson Nilson Mendes; SÁ, Rafaela Oliveira da Silva. Tecnologia assistiva: a tecnologia a favor da acessibilidade e inclusão. **CORUJA INFORMA**, 8 dez. 2021. Disponível em: https://www.each.usp.br/petsi/jornal/?p=2844. Acesso em: 18 abr. 2024.

SÃO PAULO. Secretaria da Educação. Núcleo de Apoio Pedagógico Especializado – CAPE. **ENTENDENDO A DEFICIÊNCIA FÍSICA**. São Paulo: Secretaria de Educação, 2012. Disponível em: http://cape.edunet.sp.gov.br/cape_arquivos/Publicacoes_Cape/P_3_Entendendo_Deficiencia_fisica.pdf. Acesso em: 18 abr. 2024.

VALLE, Mário Augusto Costa; SERBAN, Daniela Costin. **CARTILHA DE EXCELÊNCIA NO ATENDIMENTO À PESSOA COM DEFICIÊNCIA**. Senac: São Paulo, 2008.

VALLE, Mário Augusto Costa; TAKAHASHI, Cintia Yuri. A inclusão de pessoas com deficiência no ambiente de trabalho. *In*: **WORKSHOP INCLUSÃO DE PESSOAS COM DEFICIÊNCIA**, Senac São Paulo, [s. d.].

Índice

Acessibilidade atitudinal, 70
Ampliando o entendimento, 97
Aprimorando habilidades, 86
Aspectos auditivos, 130
Aspectos olfativos, 130
Atitudes no dia a dia, 123
Básico para a convivência, O, 141
Bengala longa, 111
Computador adaptado, 122
Convívio nos diversos ambientes, 62
Deficiência auditiva e surdez, 75
Deficiência física, 25
Deficiência intelectual, 51
Deficiência múltipla, 69
Deficiência visual, 101
Definições e confusões, 59
Dicas de convivência, 94
Emoções em movimento, 131
Empatia não é ter pena, 32
Experiências táteis, 129
Explorando os sentidos, 129
Finalizando..., 72
Frustrações e dificuldades, 126
Impressora Braille, 121
Inclusão real, 66
Leitores de tela, 115
Libras tátil e leitura labial tátil, 94
Língua de sinais, A, 84
Linha Braille ou display Braille, 120
Livros didáticos em Braille, 122
Mais reflexões sobre o capacitismo, 133
Máquina de escrever Braille, 119
Máquinas e equipamentos adaptados, 122

Mas você sabe como se comporta uma pessoa com deficiência intelectual?, 61
Novas formas de aprender, 127
Pessoa surda ou pessoa com deficiência auditiva? Eis a questão!, 81
Pisos táteis, 111
Posso te ajudar? E como posso te ajudar?, 115
Punção e reglete, 119
Scanner de texto, 121
Sinal pessoal, O, 92
Sistema Braille, 117
Sistema de navegação por GPS, 114
Software de Braille, 121
Surdo-mudo? Na maioria das vezes, não., 83
Teclado de computador Braille, 121
Tecnologias assistivas, 122
Tecnologias assistivas na deficiência visual, 110
Tecnologias assistivas para comunicação e informação, 114
Tecnologias assistivas para educação, 122
Tecnologias assistivas para locomoção, 111
Trate adultos como adultos, 67
Você já presenciou duas ou mais pessoas se comunicando em Libras?, 89

MISTO
Papel | Apoiando o manejo
florestal responsável
FSC® C044162